라이더 없는
배달음식점을
창업했습니다

라이더 없는
배달음식점을 창업했습니다

초판 1쇄 인쇄일 2020년 11월 30일
초판 1쇄 발행일 2020년 12월 4일

지은이 이준엽
사 진 이갑춘 이준엽
펴낸이 양옥매
디자인 임흥순 임진형
교 정 조준경

펴낸곳 도서출판 책과나무
출판등록 제2012-000376
주소 서울특별시 마포구 방울내로 79 이노빌딩 302호
대표전화 02.372.1537 **팩스** 02.372.1538
이메일 booknamu2007@naver.com
홈페이지 www.booknamu.com
ISBN 979-11-5776-975-9 (03320)

이 도서의 국립중앙도서관 출판예정도서목록(CIP)은
서지정보유통지원시스템(http://seoji.nl.go.kr)와 국가자료종합목록시스템
(http://www.nl.go.kr/kolisnet)에서 이용하실 수 있습니다.
(CIP제어번호: CIP2020050065)

라이더 없는 배달음식점을 창업했습니다

이준엽 지음

책나무

"우리 같이 음식점 해 볼까?"

처음엔 듣는 둥 마는 둥 했던 아내도 보채듯 이어진 설득에 성긴 그물만큼이지만 흩어졌던 마음의 조각들을 잇기 시작했다.

식당 창업을 결심한 동기는 아내의 우울증 때문이다. 나이 쉰이 넘어가면서 시작된 우울증은 본인은 물론 집안 전체의 근심이 됐다. 어떤 일에도 의욕이나 흥미가 없을 뿐 아니라, 사람을 만나는 자체도 극도로 꺼리고 가까운 사람마저 외면하곤 했다. 회사 일을 마치고 돌아오면 현관 옆 작은 옷방 문 열어 보기가 새로운 일과였다. 그 안엔 온기 없는 형체인 양 웅크려진 아내가 있고, 작은 미동조차 느껴지지 않는 아내를 확인하는 힘든 각오가 마주하고 있었다.

하필 그때가 개발을 앞세운 과거 정부의 건축 규제 완화 영향이 우리가 사는 불광2동까지 집어삼키던 때였다. 단독주택들은 계속 허물어지며 동네 골목은 몇 년째 공사판이고, 불과 2~3년 사이 우리가 손잡고 거닐던 동네는 온통 다세대 숲으로 바뀌고 있었다.

인구가 늘어나니 골목마다 생활 쓰레기가 넘쳐나고 주차 공간은 없는데 자동차들은 계속 들어찼다. 어느 땐 동네 골목길도 차량 정체로 빠져나가기 힘들 정도로, 지난 몇 년의 거칠고 급격한 난개발은 아내의 우울증을 더 악화시키고 있었다.

낯선 얼굴의 건축업자들이 저마다의 이익에 혈안인 골목 풍경은 우리 동네가 아닌 그냥 행정구역 불광동이었다. 더는 오월의 향기를 추억하지 못할 사람들을 향해 단말마의 향기를 뿜어내던 마지막 라일락이 뽑히던 날, 가슴 한쪽에 알 수 없는 아픔이 저며 들었다. 마치 텅 빈 부둣가에서 갈 곳을 찾지 못한 어느 이방인인 양, 낮게 깔린 저녁을 밟으며 들어선 현관엔 아주 오래전의 기억을 여닫는 부엌의 향기가 집 안 전체를 감싸고 있었다.

"김치찌개 먹고 싶었지?"

라이더 없는 배달음식점을 창업했습니다

아내는 음식 솜씨가 참 좋았다. 귀한 식재료로 특별한 맛의 음식을 만들기보단, 우리 주변에 흔한 재료들을 사용해 입맛을 후리는 기술이 뛰어났다.

언젠가 집에 왔던 여동생이 아내가 만든 만둣국을 먹고는 "언니, 이거 가지고 음식점 하면 대박 나겠다."라거나, 아내의 올케 되는 이가 가끔 "형님이 만들어 주셨던 김치국수가 생각날 때마다 침이 넘어가요."라는 수사는 일반적으로 듣는 말이다.

아내의 음식은 화학조미료가 거의 사용되지 않고 가공식품을 멀리해 먹고 난 뒤 속이 참 편하다는 점이 큰 자랑이다. 덕분에 외부에서 식사하는 일이 생기면 고역인 경우가 많다. 아내의 동의를 구하고 결심이 굳어진 때 사표를 냈고, 그 며칠 후엔 동네에서 유일하게 권리금 없이 나온 가게를 보증금 1,500만 원에 월세 80만 원으로 계약했다.

2017년 6월 15일, 우리 인생에 첫 번째 식당이 막을 올렸다. 크면 크고 작으면 작은 일들도 있었지만, 두 가지 목표를 정하고 그대로 따랐다. 아내의 우울증 쫓아내기가 첫 번째고 사람의 모습을 잃지 않는 음식점 운영이 두 번째다. 식당이 바쁘게 돌아가니 우울증 약은 곧 사라졌다. 의사를 찾을 필요도 없는 이전과는 완연하게 다른 눈빛이다.

우리 식당은 음식물 잔반 배출량이 일반 가정과 비슷한 수준이다. 이유는 음식을 미리 만들어 두지 않기 때문이다. 우리 식당에서 좀 떨어진 시 경계선의 함바식당 하나는 장사가 안된 날 120ℓ들이 대형 음식물 잔반통이 차고 넘쳐 뚜껑도 닫히지 않는다. 준비한 음식이 다 팔린 날도 손님들이 남긴 잔반으로 또 반통이다. 그 식당이 우리보다 두 배의 매출이지만 음식물 잔반은 50배를 배출하는 셈이다.

식당을 시작한 지 만 3년이 지난 올해 아내의 우울증은 큰 선물을 남기고 떠났다. 나는 그게 우리의 식당 운영이 사람의 모습을 지켰기 때문이라고 생각한다. 이 책은 큰돈을 벌었다거나 벌 수 있다는 이야기가 아니다. 2019년 부가세신고액 105,000,000원인 평범한 매출을 가진 식당이지만, 그 안엔 돈으로 환산할 수 없는 소중한 가치가 있고, 음식점을 창업하려는 독자들과 그것을 공유하고 싶었다.

과거 어떤 정치인이 내걸었던 슬로건 '저녁이 있는 삶'은 당시 자영업자들에게 먼 나라 이야기였지만, 지난해 우리 식당 총 휴

라이더 없는 배달음식점을 창업했습니다

무일은 72일이었고 하루 평균 운영 시간이 재료 준비 포함 9시간을 넘기지 않는 쾌거를 달성했다. 일 근무 8시간 기준으로 1시간에 45,000원 매출을 기록했고, 2.3개 주문을 처리했다. 그리고 거기서 멈추기를 두려워하지 않았다.

지금 나는 아내의 우울증이 떠나며 선물한 미술실에서 이 글을 쓰고 있다. 오래전부터 나무를 소재로 작업해 온 내 영혼의 작업실이다. 하지만 자영업자가 되기 전 직장 생활에선 감히 꿈도 꾸지 못할 현실이다. 두 명 중 한 명이 일할 때 다른 한 명은 마음의 병을 앓았지만, 두 명이 같이 일하면서는 미술작업실이 덤으로 생긴 셈이다.

한가로운 작업실을 방문한 이들에겐 항상 원목이 주는 감촉을 선물한다. 그리고 원목의 섬세함을 나눈 이들은 그 순간만큼은 어떤 이해관계도 없는 벗이 된다. 이 책 첫 장을 펼쳐 든 독자들에게도 래커칠 없는 순수 원목의 따뜻함을 나누고 싶다.

2020년 11월

차 례

PART 1 경험

PART 2 경험칙

PART 3 배달점포 만들기

PART 4 배달점포 운영

PART 5 배달앱의 생태계

PART 6 작지만 중요한 팁

PART 1

경험

식당 운영은 목수의 끌과 그무개*가 만들어 내는
결과처럼 분명하지 않았다.
수치 계산과 집중보다는 비용 계산과 열정이 필요했고,
오래 두고 내 것으로 쓰일 감성을 다듬기보다는
오늘 이 재료들을 다 사용하지 못했을 때
속쓰림을 다스려야 했다.

*목재에 평행선을 긋거나 따낼 자리를 표시하는 데 사용하는 도구

산으로 올라간 식당

세상일이란 게 참 묘한 부분이 있다. 주방을 맡기로 한 아내가 잘하는 음식은 한식, 그중에서도 흔히 집밥이라고 하는 한상 차림 백반이다. 그런데 어디서 꼬였는지 정작 내건 간판은 철판볶음밥이다. 사공은 두 명인데 어느새 산꼭대기에 올라앉은 식당으로 도전장을 내민 격이다. 물론 철판볶음밥도 자신 있었다는 것은 맞지만, 그 요리를 아내가 아닌 내가 담당하게 된 결정은 아직도 설명할 수 없는 미지의 영역으로 남아 있다.

환기 없는 주방을 만들다

첫 번째 닥친 난맥상은 아마추어리즘의 극치였다. 덕트 시설은 주방에 만들어 놓고 정작 볶음밥을 만들 전기철판그리들[1]은 주방 가까운 곳이긴 해도 홀에 설치한 것이다. 당시 생각은 철판볶음밥 만드는 모습을 손님들이 볼 수 있도록 하자는 취지였는데, 그럴 생각이었다면 애초에 덕트를 두 곳으로 뽑아야 했다.

뒤늦게 홀에 자리한 전기철판그리들 위에도 갓을 설치하고 덕트를 주방으로 연결했는데, 처음 시설 계획에선 빠졌다가 추가된 항목이라 곧 문제를 일으키게 됐다. 그리들 위에 덕트를 추가하면 기존 설치했던 덕트팬도 풍량이 큰 제품으로 교체됐어야 했는데 이걸 생각하지 못했던 것이다.

주문이 몰리면 홀에도 연기가 차기 시작해 손님들이 불편한 것은 물론이고, 주인인 나도 민망하기가 이루 말할 수 없는 처지가 됐다. 결국, 오픈하고 며칠 지나지 않아 다시 문을 닫고 재정비에 들어갔다. 덕트팬을 교체할지 철판볶음밥을 주방에서 만들지 결정해야 했는데, 잠깐의 경험이었지만 좁은 가게에서 두 곳으로 분산된 주방 운용이 현명하지 못하다는 판단이 우세했다.

결정은 그랬지만 전기철판그리들 덩치가 커서 주방엔 공간이 만들어지지 않았다. 구십만 원 가까이 들인 것인데 개업 일주

---

1 전기철판그리들은 전기를 열원으로 해 음식을 구울 때 사용하는 조리 기구다. 조리 면이 두껍고 평평한 철판으로 구성되어 있으며, 처음 사용하기 전에 반드시 시즈닝(길들이기) 과정을 거쳐야 한다.

라이더 없는 배달음식점을 창업했습니다

일 만에 음식 세팅용 테이블로 전락하고 말았다. 너무 크고 무거워 헐값에 중고 처리되는 마지막까지 상당한 애물단지였다.

주방설비의 작동과 관련한 과학적인 계산은 생각도 않고 오랫동안 목공 일을 했던 자신감만으로 인테리어와 설비 모두를 직접 시공했던 것이 문제의 시작이었다. 덕트 시설과 관련해 가장 기본적인 사항이, 덕트팬으로 주방의 공기를 배출하는 만큼 외부 공기가 들어오는 흡입구가 별도로 만들어야 하는데 이마저도 간과됐다.

별도의 외부 공기 흡입구[2] 없는 덕트 설비는 팬의 수명도 줄고 전기 사용량도 늘어나고 무엇보다 내부 소음이 크다. 나중에 외부 공기 흡입구를 만드느라 또 하루 문을 닫았다. 환기 시설의 '환기(換氣)'의 의미인 '탁한 공기를 빼고 맑은 공기로 바꾼다.'라는 기본적인 서술이 가르침으로 바뀐 순간, 현실에선 '휴업'으로 표시됐다.

주방으로 들어가지 못한 전기철판그리들 대안으로 6㎜ 철판에 접이식 다리를 부착해 가스버너 위에 안정적으로 설치할 수 있도록 별도 주문 제작했다. 접이식 다리를 접으면 주방 벽 한쪽에 세워 놓을 수 있어 공간의 압박도 없었다. 그렇지만 중복투자로 금전적인 손실은 말할 것도 없고, 처음 잘못된 세팅에

---

2 외부 공기 흡입구를 뚫는 자리도 매우 중요하다. 예를 들어 옆 가게에서 배출된 공기가 내 가게로 유입되지 않도록, 다른 가게 덕트와의 상관관계도 살펴야 한다.

따른 자책이 오랜 기간 응어리로 남았다.

근심 종합세트

그렇게 주방으로 들어간 철판볶음밥은 아내가 담당하게 됐지만, 원래 생각했던 제 몫의 일이 아니어서 한식을 향한 갈망은 더욱 커져만 갔다. 그렇다고 이미 외부 간판도 1백만 원 들여 철판볶음밥이라고 떡하니 박아 놓고 홀 벽에 붙여 놓은 메뉴판도 철판볶음밥 중심인데, 개업하고 한 달도 안 돼 간판을 한식백반으로 바꿔 달 수도 없는 노릇이었다.

고민 끝에 외부 간판은 그대로 두고 한식 메뉴를 홀 메뉴판 옆에 써 붙이는 궁색한 결정으로 정리됐다. 그 후로도 메뉴 추가 삭제와 관련한 고민이 자주 발생해 나중엔 수정하기 편리한 칠판 메뉴판으로 바꾸게 됐다. 떼어 낸 첫 메뉴판을 버릴 때의 착잡했던 기분이 아직도 생생하다.

사업에선 간단한 세움 간판 하나도 이웃 가게와 문제가 될 수 있고, 뜻하지 않은 재해의 원인이 되기도 해 종종 밖의 상황도 살펴야 한다. 내가 손님이었을 땐 인식하지 못했던 옆 가게의 외부 스피커 음악 소리도 그렇게 거슬리는 소음이란 것을 알게 되고, 겨울이 되면 출입문과 문틀 사이의 미세한 틈도 황소바람의 통로였다는 사실을 알게 된다.

화장실이 건물 뒤편이라 돌아서 가는데 화장실 출입문에서 불과 5m 앞 건물 처마 밑이 동네 노인들 모임 장소였다. 처음에 이걸 알았더라면 점포 계약을 망설였을 텐데, 그땐 사람들이 없었고 놓여 있는 의자와 테이블들이 눈에 들어오지도 않았다. 주인인 나도 화장실을 드나들 때 곁눈질을 하는데 하물며 손님들은 오죽했을까.

눈 내린 겨울날, 가게 앞 눈을 쓸어 내는데 빗자루질 방향이 잘못되어 미끄럽다는 지적도 받는다. 음식업 자영업자는 종종 훈계의 대상이 되기도 하고, 탈세가 일상인 뻔뻔한 장사치로, 때로는 유통기한 지난 식자재를 사용하는 부도덕한 범죄자로 불리기도 한다. 그리고 모든 일의 끝엔 혼자만의 책임이 남는다.

한번은 위생단속이 나왔는데 처음 겪는 상황이라 상당히 놀랐다. 여성 두 명으로 구성된 단속팀인데 가게 문을 열고 들어와선, 주인인 우리에게 '○○○에서 나왔습니다' 한마디를 하곤 무조건 주방으로 진입해 냉장고 문을 열고 뒤적이는 것을 지켜봐야 했다. 나이 50에 학창 시절의 담임 선생 몽둥이질 순서를 기다리던 심정으로 무사히 끝나기만을 기다렸다.

1년 후, 충청도의 어느 오일장터에서 부침개를 판다는 사장님에게 전기철판그리들이 팔렸다. 혼자서는 옮기기도 어려운 애물 쇳덩이를 겨우 싣고는 화물영업소에 가는데 홀가분함만큼 자책도 여전했다. 겨우 1년 만에 사업의 핵심 내용이 달라졌기 때문이다.

이제 생각해 보면 체계적인 계획의 부재가 실수의 서막이었다. 아내를 설득해 어떤 목표를 갖도록 한 것엔 성공했지만, 정작 식당 운영과 관련해선 너무 소홀하게 생각했고 일에 중심을 잡지도 못했다. 그리고 그런 미비점들 모두는 단순히 깨닫는 것으로 그치는 게 아니라 비용과 기회에서의 '손실'로 이어졌다.

생각의 끝엔 공간이 필요해

애초 계획했던 한식 메뉴를 추가했다고 아마추어의 난맥상이 정리된 것은 아니었다. 이제 한식 메뉴에 맞는 주방 기물과 그릇을 세팅하느라 또 상당한 비용이 들어갔다. 그뿐 아니라 그것들 모두가 놓일 공간을 위해 어딘가를 비우거나 못질을 해야 했고, 그 자리들엔 새로운 물건들이 차곡차곡 들어차기 시작했다.

6월에 점포를 계약했고 곧 여름이 됐지만 우리는 계절의 변화를 미처 깨닫지 못하고 있었다. 손님이 많았다기보단 처음 하는 일이라 다른 겨를이 끼어들 만한 여유가 없었다는 표현이 적합했던 것 같다.

계절의 변화를 실감한 것은 뚝배기에 담긴 뜨거운 찌개를 먹은 손님이 비지땀을 닦아 내며 계산하길 며칠이 지난 후였다.

그제야 우리 메뉴 구성에 약점이 있다는 사실을 깨달았고, 새로운 메뉴로 여름을 대표하는 냉면을 구상했다.

냉면을 취급하기 위해선 기본적으로 육수 전용 냉장고와 삶은 냉면을 헹구는 여분의 개수대가 필요했다. 거기에 냉면무김치도 보관해야 하니 냉장고 내부에 그만큼의 공간이 확보되어야 했고, 냉동 면을 넣어 둘 냉동고 공간도 확보돼야 했으며 그릇 중 가장 덩치 큰 냉면 용기를 보관할 선반 공간도 필요했다.

그런데 여기서 또 잘난 욕심이 생겨 포장판매를 겸하기로 하고 냉면 포장 용기를 주문했는데, 막상 주문한 포장 용기가 도착한 날 입이 떡하니 벌어졌다. 냉면 용기는 몸체 상자와 뚜껑 상자가 따로따로 왔는데 그 두 상자 부피를 합치면 가정용 중형 냉장고 크기였다. 할 수 없이 가게 한쪽에 쌓아 둬야 했는데 덕분에 매장 손님들에게 냉면이 포장된다는 홍보는 확실해졌다.

냉면을 시작한 첫날의 일이다. 포장하러 온 손님이 있었는데 포장 용기를 담을 비닐봉지와 나무젓가락이 없었다. 비닐봉지는 대략 해결됐지만, 나무젓가락은 양해를 구하고 넣지 못했다. 가게 출입문에 붙인 '냉면포장' 네 글자를 떼어 내고 급히 시장을 다녀온 후에야 다시 붙였다.

후에 나무젓가락 1,500개들이 한 상자와 규격별 비닐봉지 1,000장씩을 주문했는데, 3상자 분량이지만 라면상자로 보면 4상자 부피였다. 그렇게 두어 달이 지나고 이제 손님들로부터

볶음밥과 찌개는 포장이 안 되냐는 문의가 생기니 어쩔 수 없이 그에 맞는 포장 용기 몇 상자도 추가됐다.

종국엔 엄청난 부피의 포장 용기 상자들을 수납하느라 아예 홀 일부를 창고로 사용하기 위해 칸막이 공사를 하는 단계로까지 진입했다. 거기에 이미 주문했던 포장 용기와 포장 비닐, 나무젓가락에서도 일부는 규격에 어긋나거나 상품의 질이 좋지 못해 또 선반 위로 올라가니, 식당 절반이 창고처럼 변해 가기 시작했다.

포장 비닐과 포장 용기의 규격을 맞추는 것은 생각보다 어려운 일이었고, 나무젓가락 또한 조악한 품질로 인해 사용하기 어려운 경험들은 참으로 속상한 짐이 됐다. 주방 식재료도 사람 속을 썩이는 일이 잦았다. 기껏 구매했더니 참기름이 아니라 '참기름맛' 혼합유였던 경험처럼, 사람의 약한 고리를 공략하는 판매 상술은 고약한 뒷맛과 함께 불용품으로 남아 폐기될 날짜를 기다리게 된다.

개업 초기부터 오던 손님들은 조금씩 변해 가는 환경에 익숙했지만, 이제 막 첫 손님인 고객은 짧은 순간이지만 적응하는 시간이 필요했다. 그런 상황에서도 돈가스 포장 용기 두 상자와 소스 용기 상자 두 개에 그 돈가스 용기를 담을 별도의 비닐봉지가 또 추가됐다. 홀 손님에게 서비스되는 지름 30㎝의 돈가스 접시 20개는 주방 선반에서 가장 큰 면적을 차지했다.

좁은 공간에서 생각을 실천한다는 것은 목수의 선반 만들기 정도로 해결되는 게 아니었다.

돈가스! 돈가스!

발상은 한식 백반이었다가 시작은 철판볶음밥으로, 곧 다시 한식 메뉴를 추가하고 이제는 냉면도 판매하는데, 욕심 사납게도 돈가스까지 추가됐다. 얼핏 김밥천국보다 더 방대한 규모가 되는 것은 아닌지 스스로 반문하곤 했지만, 뺄셈 없는 덧셈은 아직 끝을 확인하지 못했다.

간판에 볶음밥이 있으니 젊은 세대들이 많이 찾게 되면서 "돈가스도 있으면 좋겠다."라는 말을 여러 번 듣게 됐고, 처음부터 한 가지 메뉴만을 기획했던 식당이 아니다 보니 팔랑귀 소리를 듣더라도 그런 말을 그냥 넘기지 못했다.

이번엔 철판볶음밥에서의 난맥을 교훈 삼아 돈가스 튀김기가 놓일 공간, 폐식용유 보관과 처리, 돈가스 접시를 놓을 공간, 유증기 배출을 위한 덕트 문제까지 나름 종합적으로 살펴봤다. 그때는 분명 그랬다.

돈가스 맛은 생지에서 판가름

그중에 가장 큰 노력을 기울인 것은 튀김옷을 입힌 돈가스 생지 공급업체를 찾는 일이었다. 시중에 종류를 헤아리기 힘들만큼의 다양한 돈가스가 있으니, 그 안에서 우리에게 맞는 돈가스 생지 공급업체를 찾는 것은 사업의 성패와 직결되는 중요한 사안이라고 판단했다.

만약 이 집 저 집 붙어 있는 메뉴판의 돈가스를 그대로 가져오면 돈가스 종류만으로도 대형 냉동고 하나는 족히 채울 분량이 된다. 고객들에게 의견도 물어보고 주변 돈가스 판매처의 메뉴도 살펴본 결과, 우리는 등심돈가스로 결정했다. 등심돈가스로 확정하고 나니 진도가 좀 더 빨라지기 시작했다. 취급 품목을 한정하면 좁은 범위로 검색이 가능해지기 때문인데, 이후로도 어떤 판단을 해야 할 때 꽤 도움 되는 방법이었다. 거래하던 식자재 유통업체에서도 하나씩 주문하고, 인터넷으로 살핀 업체들에서도 샘플을 주문했다.

테이블에 쌓인 샘플 돈가스 생지를 한 줄로 늘여 놓으면 족히 2m는 됐던 것으로 기억된다. 포장 안엔 튀김옷을 입힌 돈가스 생지가 보통 10~20개 단위로 묶여 있어 샘플로 구매했던 돈가스 값만 해도 대략 30만 원 정도였다. 맛은 전부 제각각이었다. 하나하나 튀겨 보고 맘에 들지 않는 생지엔 메모를 붙여 다시 냉동고 속으로 집어넣기를 반복했는데, 하루에 두 번 이상 먹

라이더 없는 배달음식점을 창업했습니다

어 보긴 힘들었다. 주문했던 돈가스 맛을 전부 확인하는 데는 대략 일주일 정도가 소요됐다.

그리고 남은 문제는 선택받지 못한 돈가스의 처리였다. 구입한 비용이 아까워 버릴 수도 없고 맛에서 밀려났으니 팔 수도 없었다. 그렇다고 먹어 없애기는 더 힘들었다. 우리가 판매하는 메뉴들 맛을 매일 점검하기도 벅찬데 언제 그걸 먹겠는가 말이다. 아무리 고민해도 답을 찾을 수 없어 냉동고 속에 한참을 보관했는데, 그렇게 몇 달을 보냈다. 결국엔 폐기하고 말았는데 참 억울하기도 하고 속상하기가 이만저만 아니다.

우리가 최종적으로 선택한 돈가스는 두 회사 제품이었다. 둘 다 맛은 괜찮은데 등심의 두께에서 눈에 띄는 차이가 있었다. 고민 끝에 두 제품을 모두 팔기로 하고 메뉴명은 두 제품 각각의 특징을 살린 '두툼한 등심돈가스', '감칠맛 등심돈가스'로 정했다.

다행히 우리가 선택한 돈가스는 손님들에게 인기가 좋았다. 의욕적으로 기름 교체에 인색하지 않았던 탓도 있겠지만, 전문점 돈가스보다 낫다는 평가가 많이 나왔다. 우리는 식용유 정제기를 사용하지 않았고 기름은 매일 교체했다. 바쁘게 일하는 덕분에 아내의 우울증은 감쪽같이 사라졌다. 언제 우울증이 있었냐는 듯 생기 있는 눈동자를 보는 것이 참 오랜만이었고 고마웠다. 오후의 2시간 휴식 시간에 시장을 보러 나가는 아내의 뒷

모습이 참 보기 좋았다.

테이블 위에 놓인 돈가스도 사업의 일부다

돈가스 판매를 시작하고 얼마 지나지 않아 새로운 결정을 위한 고민에 직면했다. 처음엔 접시 위의 돈가스에 소스를 부어 제공하는 이른바 '부먹' 방식으로 제공했다. 그런데 직접 돈가스를 잘라 먹도록 나이프를 제공하니 그 나이프 사용에서 뜻밖의 문제가 생겼다.

돈가스를 판매하면 필연적으로 꼬마 손님이 생기게 마련인데, 어린이들은 나이프 사용이 어려워 소스가 묻은 돈가스 조각이 테이블 밑으로 떨어지는 일이 빈번했다. 이걸 외면할 수 없어 결국 대신 잘라 주게 되는데, 바쁜 상황에선 이만저만 난처한 게 아니었다.

특히 요즘엔 부모 모두 일하는 가정이 많아지니 동네의 고만고만한 식당이면 저녁밥을 먹으러 오는 꼬마 손님들이 제법 된다. 방학 기간엔 저녁뿐 아니라 온종일 꼬마 손님들이 우리 식당의 주요 고객층이 됐다. 돈가스 하나를 주문하는 어린 남매도 찾아오고, 주문한 돈가스나 떡볶이가 테이블에 올려진 채 아무 말 없이 나가 30분 후에 돌아오는 초등학생 손님도 있었다. 이들 모두는 주인이 관심을 가져야 하는 사업 일부가 됐고, 이제 곧 불용품이 될 돈가스 나이프들이 놓일 자리를 살피는 것도 주인의 몫이었다.

돈가스 판매를 시작하고 한 달 후부턴 주방에서 잘라 내보내기로 하고 소스도 별도의 용기에 담아내는 이른바 '찍먹'으로 전환했다. 그렇게 하니 이번엔 돈가스 소스가 문제가 됐다. 기존의 부먹 돈가스 소스는 찍어 먹는 용도로는 적합하지 않았기 때문이다. 결국엔 돈가스 소스도 찍먹용을 따로 만들었고, 소스도 두 가지를 같이 내보내게 됐다. 한 달 동안이지만 그동안 먹던 소스에 입맛이 맞는 고객들을 의식하니 찍먹용 일본식 소스만을 제공할 용기가 없었기 때문이었다. 그리고 이제 쓸모없게 된 나이프들은 선반의 안쪽을 차지하고 그 앞엔 소스용 그릇들이 놓인 돈가스 숨은 맛집이 만들어지고 있었다.

돈가스 생지를 직접 만들기로 했다

돈가스 중 '감칠맛 돈가스'는 천안에 있는 공장에서 냉동 택배로 배송 받는 생지였는데, 어느 날 문자가 한 통 날아왔다. 곧 공장등록이 취소되어 더는 돈가스 생지를 공급하지 못한다는 안내였다. 창업 후 참 여러 가지 일을 겪었지만 이건 또 전혀 예상치 못했던 드라마였다. 전화로 어찌 된 사정이냐고 물어보니 그냥 그렇게 됐다는 얘기뿐이라 답답했다. 내가 할 수 있는 것이라곤 보관 가능한 최대 수량을 주문하는 게 전부였다.

며칠 후 업체 사장으로부터 연락이 와 자신들과 비슷한 방식으로 만들고 있다는 다른 공장을 소개받았다. 그곳에서 돈가스를 주문했는데 기존의 돈가스와 맛이 달라 또다시 냉동고 속 깊숙한 어둠의 근거지로 들어가게 됐다. 이런 식으로 하나둘 사연 있는 재고들이 차지하는 냉동고 공간이 식당으로선 상당한 부담이다.

이대로면 '감칠맛 돈가스' 메뉴를 없애야 하는데 '두툼한 돈가스'보다 인기가 좋은 메뉴라 큰 고민이었다. '감칠맛 돈가스'가 인기 있어 '두툼한 돈가스'도 덩달아 팔렸기 때문이다. 이건 다른 메뉴들에서도 비슷해 음식점 하는 사람에겐 중요한 부분이다.

고민이 깊어져 폐업한 업체 사장에게 다시 전화해 소개해 준 업체의 돈가스 맛이 다른데, 어떻게 해야 하느냐 하소연을 했다. 한참 대화를 나누던 중 그 사장이 자기네 돈가스 맛을 특징 짓는 밑간 재료를 우연히 말하게 됐다. 잠시 정적이 흘렀고 뜻밖의 누설 덕에 돈가스 생지를 직접 만들 결심이 섰다.

전문공장에서 생지를 공급받다가 직접 만들게 되니 생지가 되는 돼지고기 등심의 안정적인 공급처 확보가 우선이었다. 관련 경험이 없어 몇 가지 조사해 보니 많은 정육점에서 직접 만든 돈가스 생지를 팔고 있었다. 아무래도 돈가스를 직접 만드는 곳이 낫겠다 싶었다.

그런데 그런 곳에선 어차피 맛은 다 똑같으니 튀김옷이 입혀진 자기네 생지를 가져다 쓰길 권한다. 덧붙이길, 돈가스는 어떤 기름을 쓰고 어떻게 튀기는지가 기술이라고 난데없는 설명도 듣는다. 선무당이 마당 기울다 한다는 옛말이 틀리지 않았다.

초기엔 공장에서 공급받는 만큼 비용이 들었다. 오히려 돈가스 생지 제작에 숙련되지 않았던 주방의 소요 시간 등을 비용으로 환산하면 원가율이 더 높다고 보는 게 옳지 싶다. 특히 공간이 한정된 주방에서 예정에 없던 작업 테이블을 확보하는 문제는 주방을 운용하는 측면에서 매우 힘든 부분이었다.

거기에 공급받는 등심의 육질이 일정하지 않았다. 그 문제를 해결하기 위해선 결국 주방의 노력이 더 들어가야 해서, 돈가스 생지를 공급해 주던 공장이 사라진 게 그렇게 아쉬울 수 없었다. 나중엔 등심의 근막을 제거하는 간단한 손질 과정도 시간 비용에서 상당한 부담으로 작용했다.

의욕만으론 돈을 벌 수 없다

힘들었어도 주방장인 아내의 솜씨가 보통이 아니어서 돈가스 주문은 점점 늘어 가고 돈가스 튀김기도 하루 종일 사용됐다. 그런데 판매량 자체가 늘어나는 것을 감당하기엔 기존의 덕트 시설이 많이 부족했다. 주방 환경은 시간이 지날수록 몸에 맞지 않는 옷을 억지로 입은 것처럼 이곳저곳 거치적거리기 시작했다.

주방 전체에 유증기가 가득 차고 온갖 기물들이 잠시만 관리가 소홀해도 끈적이게 되니, 주방에서 일하는 아내가 점점 걱정되기 시작했다. 나중엔 다른 메뉴를 만드는 데도 돈가스의 유증기가 영향을 미치기 시작했다. 더 이상 미룰 수 없는 특단의 결정을 내릴 시간이 다가오고 있었다.

시설을 개보수해 이 자리에서 계속 음식점을 할 것인지, 아예 다른 곳으로 옮길지에 대한 고민이었지만 답은 곧 나왔다. 이것저것 메뉴가 추가되며 좁아진 주방이 새롭게 개보수한다고 넓어지는 것은 아니다. 가게를 옮기지 않고는 근본적인 해결이 어려운 문제였다.

겪어 보니 소규모 식당에서는 메뉴 한 가지를 추가하는 것도 섣불리 생각할 일이 아니었다. 특히 냉면과 돈가스를 함께 취급하는 것은 먹는 입의 즐거움에 비례하는 만큼 주방 환경은 최악이었다. 냉면 삶으면서 나오는 수증기와 돈가스 튀기면서 나오는 유증기가 결합하면 그 어떤 처방도 불가능했다.

사업적으로 부족했던 창업자의 흔한 모습이라고 하는 게 솔직한 표현인 것 같다. 여러 문제가 조금씩 더해지니 역시 조금씩 적응하며 버텨 왔지만, 더 높은 매출로 연결되거나 일이 편해지거나 하는 등의 실제적인 이익에선 한계가 있는 '고행의 문'이 열렸을 뿐이었다.

고민 끝에 우리가 소유하고 있던 고지대의 낡은 단독주택 처분을 생각했다. 마침 제의도 있던 터라 이웃 대지에서 도시형

생활주택(다세대 주택)을 신축 중이던 건축업자에게 집을 넘기고, 우리는 신축건물의 반지하를 식당으로 사용하는 안을 아내와 협의했다. 그렇게 해서 개업한 지 15개월 만에 가게를 옮기는 결정에 이르게 됐다.

그래도 아내는 아쉬움을 나타내며 그 자리에서 좀 더 돈가스를 하자고 했지만, 옆에서 지켜보기에 안 될 일이었다. 장사가 자리를 잡아 주문도 많아지니 그 마음은 이해가 됐지만, 돈 보고 아내를 잃을 수는 없는 일이다. 큰 권리금을 붙이지도 않았지만, 장사가 잘되니 가게는 쉽게 매매됐다.

새롭게 들어오는 분은 처음에 배달을 겸한 부대찌개 전문점을 할 예정이라고 해서, 내 판단으로도 괜찮은 아이템이라고 호응했는데 정작 개업은 포차 간판을 달았다. 안타깝게도 포차 개업 후 길 건너 신축 건물에 생고깃집이 생겼는데 개점이벤트로 소주 1병을 100원에 제공하고 된장찌개는 무한리필 한다는 플래카드가 붙었다. 그 식당 개점 이벤트가 끝날 즈음엔 바로 옆에 있던 치킨 전문점이 업종을 변경해 연어 전문식당으로 재개장했다. 쉽지 않은 세상이다.

우리는 장사가 잘되어 옮기니 별문제 아닌 것 같지만, 1년 반 만에 가게 두 곳을 오픈하는 셈이라 자금 사정이 빠듯할 수밖에 없었다. 1년 내내 수업료만 지불하고 주머니엔 한 푼도 남지 않게 된 것이니, 장사를 시작하는 초반의 치밀한 계획은 열 번 강조해도 부족함이 없다.

초보자는 주변에 멘토가 될 만한 경험자를 찾아 품값을 주고라도 조언을 듣는 게 현명하다. 그냥 조언은 소음일 수 있지만, 대가를 받은 조언엔 책임감이 따르기 때문에 도움이 된다. 단, 해당 업종에 최소 수년간 종사했고 수익을 발생시켰던 이력이 확실해야 한다.

단골을 포기할 때도 있다

초보자가 처음 식당을 개업하면서 선택한 메뉴는 수정 사항이 생기게 마련이다. 특히 경험 없이 시작한 첫 사업이라면 거의 100% 메뉴 수정이 발생한다. 그런데 이게 홀 장사를 해 본 사람들은 이해하겠지만, 마치 발톱에 박힌 가시처럼 신경이 곤두서는 부분이다.

매장 벽에 걸린 메뉴판 하나를 바꾸는 데도 비용은 들어간다. 작게는 5만 원에 될 수도 있지만 10~20만 원을 그냥 넘기도 한다. 그래서 많은 경험자는 처음부터 메뉴판 수정이 쉬운 형태로 구입한다. 최근엔 이런 문제점을 돈벌이 기회로 삼아 월 정액을 받고 식당 메뉴판을 임대하는 업체도 등장했을 정도니, 메뉴판 변경의 문제가 얼마나 중요한지 미루어 짐작할 수 있다.

그것뿐이 아니다. 메뉴를 새로 신설하면 그에 맞는 그릇이 필요하고 그릇이 놓일 공간도 필요해진다. 만약 그 메뉴가 돈가스였다면 포크와 나이프도 필요해지는데, 이런 것도 품질과 가격을 살펴보면 상당한 고민이 따른다. 거꾸로 어떤 메뉴를 포기하면 그 메뉴가 사용하던 그릇이나 기타 집기가 필요 없게 되어 또 허드레 공간이 있어야 한다.

　하지만 그런 것들은 비용이나 공간에 대한 것으로 차분히 고민하면 해결되는 부분이다. 문제는 고객이다. 메뉴표를 바꿔도 기존 메뉴를 좋아하던 단골고객이 남아 있다는 현실은 사라지지 않는다. 메뉴를 없앤 후, 그 고객이 찾아왔는데 자기가 좋아하는 메뉴가 사라졌다면 몹시 당황하거나 좋지 않은 얼굴로 나가게 된다.

　실제로 우리 고객 중에 할아버지 한 분은 철판새우볶음밥을 너무 좋아했다. 처음 몇 번은 직접 오셨는데 몸이 좋지 않아 나중엔 할머니가 와서 포장해 갔다. 그런데 우리 식당은 어느새 돈가스와 찌개 도시락 중심으로 바뀌어 가고 있었다.

　처음에 간판을 올린 철판볶음밥 손님은 점차 줄어들고 있었지만, 할아버지를 포함한 몇몇 마니아급 고객들로 인해 해당 메뉴를 없애지 못했다. 특히 근처 고물상에서 일하는 분은 거의 매일 점심을 철판볶음밥으로 해결했고, 먼 곳을 다니던 트럭 행상 사장님도 일을 마치고 들러 볶음밥을 먹곤 했다. 그렇지만 더는 볶음밥을 유지하기 힘든 날이 가까워지고 있었다.

그게 몇 달을 끌었던 문제였다. 전체 매출에서 정말 적은 금액인데 몇몇 단골 고객들로 인해 없애질 못하니 마음고생이 컸다. 아니나 다를까, 철판볶음밥 집기들을 모두 치운 며칠 후 새우볶음밥을 포장하러 오신 할머니께 사정 설명을 했는데, 얼마나 서운해하셨는지 아직도 그 모습이 잊히지 않는다. 다른 단골들도 마찬가지였다.

떡볶이의 악몽

메뉴에서 가장 뼈아픈 실수는 떡볶이 도입이었다. 초보자가 경험도 없이 돌격정신만 앞세우니 이것저것 기웃거리고, 주변에 떡볶이 파는 곳이 없다는 점에 착안해 올린 메뉴인데 1인분 3천 원으로 정했다. 이 메뉴에서 가장 큰 실수는 아이러니하게도 맛있다는 점이다. 3천 원인데 맛도 있고 양도 넉넉하게 담으니 떡볶이 손님이 많아졌다. 손님들이 접시 바닥 고추장소스까지 다 먹어 치울 정도였으니, 아내의 음식 솜씨가 진가를 발휘한 메뉴였다.

그런데 길 가다 노점에서 사 먹는 미리 만들어 둔 떡볶이가 아니고 주문하면 그때 만들어 주는 요리화된 떡볶이가 되니, 포장 손님도 있지만 대부분은 매장 테이블에 앉아 먹는 형식이었다. 덕분에 어린이·청소년 고객들의 매장 내 체류 시간이

라이더 없는 배달음식점을 창업했습니다

길어졌고 테이블 뒷정리에도 품이 많이 들어가는 운영이 됐다.

또 다른 문제는 떡볶이 손님이 많으면 다른 메뉴를 먹으러 들어온 사람도 떡볶이를 주문하거나, 예상치 못한 분위기에 그냥 나가기도 하니 객단가는 낮아지고 매출액에 영향을 끼쳤다는 점이다. 게다가 떡볶이는 어른은 물론 어린이들까지 전문가라 요구 사항도 많았다. 맵게, 더 맵게, 좀 더 맵게, 짜지 않게, 맵지 않게, 국물 많이, 국물 적게, 달지 않게, 달게, 조금 덜 달면 좋겠어요, 조금 더 달게 하면 좋겠어요, 치즈를 넣을 수 없나요, 군만두를 넣고 해 줄 수 없나요 등등 기본 3천 원 가격으로 서비스하기엔 시간과 노력의 보상에서 턱도 없는 현실이었다.

처음부터 떡볶이를 주력으로 기획했다면 원만하게 수용할 수 있는 운용이었겠지만, 보조 메뉴로 접근한 아이템이라 충분한 대비를 하지 않았던 게 실수였다. 나중에 배달전문으로 바뀌며 메뉴를 조정할 때 떡볶이 메뉴를 뺀 게 그렇게 행복할 수 없었다. 물론 떡볶이 단골은 일시에 사라졌다.

식당을 운영하는 처지에서 매출 비중이 낮거나 객단가를 떨어뜨리는 메뉴를 끌고 가는 것은 독이 든 성배나 마찬가지다. 매출과 메뉴의 상관관계를 제때 정리하지 못하면 식당 운영 자체에 어려움이 따르게 되고, 때로는 전혀 예상치 못한 결말로 가는 예도 있다.

언젠가 TV에 소개된 전라도 광주의 유명한 '콩물집 원조 두유' 가게 사장님 내외는 이제 나이 구순이 넘었지만, 40년 넘게 휴일 한번 없이 두유를 만들고 있다. 이유가 40년째 매일 아침 두유를 먹으러 오는 고객 한 분이 있어, 그 나이가 되도록 하루도 쉬지 못했다고 한다.

손님과 주인 모두 대단히 존경스럽고 마치 한 편의 드라마를 보는 기분이 든다. 마침 방송을 통해 그런 사연도 알려지고 두유의 맛도 좋은 덕분에 두 분 어르신 내외의 콩물집이 유명해지긴 했지만, 많은 생각이 들게 되는 사업 내용인 것은 틀림없다.

어떤 결정이 필요할 땐 과감히 판단할 수 있어야 한다.

배달의민족을 만나다

가게 근처에 주유소가 있었는데 도시락 주문이 잦았다. 주인이 도시락을 배달하는 모습도 자주 노출되고, 포장 매출이 늘어나더니 곧 인근 당구장, 한의원, 은행 등에서도 배달해 달라는 전화가 심심찮게 들어오기 시작했다. 그렇게 고객들의 배달 문의가 늘어나던 때 우연하게도 배달의민족 영업직원이 가게에 찾아와 입점을 권유하게 됐다.

소규모 자영업자에겐 배달 업무가 쉽지 않은 선택인데, 그걸 자신들이 해결해 주겠다니 얼마나 고마운 제안인지 귀가 솔깃해 계약하기로 했다. 그런데 계약을 하면서 보니 찾아왔던 사람은 배달의민족 소속이 아니라 배달용역업체[3] 사장이었다.

설명을 들어 보니 이렇게 식당 업주들을 찾아다니며 배달의민족이나 요기요 입점을 대행해 주고 대신 배달용역을 자신들이 맡는 영업 방식이었다. 아무렴 우리에겐 아무 문제도 없는 것이라 최종 승낙을 하고 주의 사항을 듣는데 여기서 아연실색하게 됐다.

자기들은 배달만 담당하고 음식의 안전은 보장하지 못한다는 내용이다. 즉 오토바이로 배달하다 보면 급정거나 급회전, 도로의 과속방지턱 등으로 인해 음식 그릇이 뒤집히기도 하고 때로는 완전히 쏟아지는 경우도 있는데, 이런 모든 상황들에 책임질 수 없다는 얘기였다. 음식물이 쏟아지는 것은 포장 불량이니 결국 포장을 잘해 달라는 얘기인데 듣는 입장에선 난감하지 않을 수 없었다.

배달의민족에는 내일부터 등록되기로 했던 터라 하루 더 고민을 하기로 했는데, 아내와 논의한 끝에 직접 배달을 하기로 결정했다. 우리가 만든 음식이 심하게 한쪽으로 쏠려 음식이

---

3 지금은 그때와 달리 배달의민족과 직접 계약된 '배민라이더스'가 있고, 기타배달대행업체들이 배달의민족 앱에 연동되어 배달대행을 하는 이원화된 시스템으로 운영되고 있다. 사업자는 배민라이더스와 계약을 할 수도 있고 일반 배당대행업체와 계약을 할 수도 있는데, 배민라이더스와 계약을 하면 배달앱 내 노출에서 우대를 받고 대신 수수료가 높다.

뒤섞이거나 뒤집힌 채 배달된다고 생각하니 끔찍한 것은 물론이고, 고객에게 망가진 도시락이 도착했을 때의 표정을 생각해 보니 도저히 배달대행을 쓸 자신이 없었다.

그렇게 계획에 없던 주인 직접 배송이라는 새로운 세계에 들어서게 됐다. 처음 식당을 열기로 마음먹었을 때와 비교해 보면 완전히 다른 음식점 형태가 됐지만, 오히려 손님들은 진작부터 우리 가게가 배달전문점으로 전환되는 것을 당연시 생각했던 것 같았다.

기존의 홀 손님들도 점차 포장 고객으로 바뀌었기 때문이다. 이젠 테이블에서 음식을 먹기보단 음식 포장을 기다리는 사람이 더 많아졌다. 테이블 서빙이 거의 사라지니 배송하기에 좀 더 편안한 영업 환경으로 바뀌었다.

정말 하루가 언제 지나는지 모를 정도로 눈코 뜰 새 없이 바쁜 일상이었다. 덕분에 아내의 우울증은 그 흔적을 찾아볼 수 없을 정도가 됐다. 우리가 얻은 가장 큰 소득이었다.

배달은 음식 포장이 절반이다

아내의 음식 솜씨 덕에 돈가스 못지않게 찌개도 참 많이 팔렸다. 찌개 도시락을 배달한 어느 날이었다. 평소와 다름없이 포장 비닐에 도시락을 넣고 주문한 댁에 갔는데, 고객의 아파트 현관 앞에 도착해선 꼭 뭔가를 빼놓고 온 의심이 들었다. 꾸러미를 확인해 보지 않고는 안 될 것 같아 매듭을 풀어 보니 깜짝 놀랄 일이 벌어져 있었다.

빠진 건 없는데 몇 개가 겹쳐진 뜨거운 찌개와 도시락이 자체 열기로 인해 뚜껑 부분이 납작하게 눌렸고, 내용물인 음식도 보기 좋지 않은 모습으로 망가진 형상이었다. 그리고 지난 몇 달간 이렇게 배달됐다는 사실에 스스로 경악하고 말았다.

가게로 돌아와 실험해 보니 문제점을 알게 됐다. 우선 우리 음식이 너무 뜨거웠다. 통상의 도시락들은 충분히 식은 음식을 배달하기 때문에 우리처럼 포장 용기가 음식의 잔열에 영향을 받는 일이 없었다. 그렇다고 음식을 식혀서 내보내는 것은 우리의 식당 운영철학에서 심하게 어긋나는 대목이었다.

당장 눈에 보이는 상자들을 규격에 맞게 잘라 도시락의 받침으로 만들기 시작했다. 그때부터 지금까지 우리는 모든 도시락에 상자 종이를 받침으로 대고 있다. 물론 고객들의 반응도 아주 좋다. 우리 식당의 고객들은 극히 예외적으로 급브레이크 같은 돌발 상황이었던 경우를 제외하곤 항상 반듯한 모양의 도시락을 받고 있고, 그것은 우리 가게가 지역의 여러 커뮤니티 내에서 좋은 평가를 받는 데 큰 역할을 했다.

이제 조사해 보니 모든 도시락 용기들이 그렇진 않지만, 일부

도시락 용기들은 적층할 수 있도록 몸체와 뚜껑이 각각 요철로 만들어지거나, 용기 중간에 기둥을 만들어 놓은 제품도 있었다. 그렇지만 뜨거운 음식을 적층하기에 적합한 정도는 아니다.

이 책의 독자들은 포장 용기들을 구매할 때 적층의 부분까지 고려한다면 사업 초기의 실수를 줄이는 데 큰 도움이 될 듯하다. 포장 용기들은 샘플로 한두 번 사용해 본다고 모든 문제점을 파악할 수 없다. 우리 고객 중엔 찌개만 4~5개씩 주문하는 고객들도 있는데, 어설픈 포장 용기로는 배달할 수도 없다.

에피소드: 이런 일도 있다

한번은 두 눈 뜨고 코 베인 사건도 있었다. 아주 말쑥하게 양복을 차려입은 40대 남자분이 들어오더니 조용히 내가 있는 계산대로 와선 작은 소리로 이렇게 말했다.

"사장님. 제가 지금 어딜 가는데 깜박하고 지갑과 핸드폰을 가지고 나오지 못했습니다. 외상으로 먹고 내일 와서 갚아도 되겠습니까?"

아주 간절한 표정과 예의 바른 모습이다.

의심은 갔는데 행색의 단정함 등에서 차마 거절하기가 어려운 접근이었다. 찌개를 주문했는데 밥 추가는 물론 반찬도 몇 번이나 더 달래서 먹고는 이후 소식이 없다. 다시 오지 않을 가능성도 예견하긴 했지만, 실제 그렇게 되니 수법이 참 사악했다는 생각을 지울 수 없었다.

드물게 전혀 이해할 수 없는 일들도 있었는데, 한번은 남자한 분이 들어와선 여기 돈 내고 밥 먹는 곳이냐고 물었다. 그렇다고 했더니 멋쩍은 표정으로 나갔는데 몇 년이 지난 지금도 해석이 안 되는 사건이다.

개업한 다음 해 정월이었는지 봄이었는지 조금은 어설픈 모습의 어르신 농악대가 가게 앞을 지나다 우리 가게로 들어와선잘 기억나지 않는 무슨 얘기로 협찬을 요청했다.

하지만 동네 분들인지 구분도 어렵고 농악대 복장도 대충 형식만 갖춘 모습이라 적은 금액으로 성의 표시를 했는데, 그때 농악대 일원이었던 할머니 한 분이 나중에 몇 번이나 일행과 함께 방문하셔서 매상을 올려 줬다. 협찬했던 금액에 비하면 과도한 보은을 받았는데 우리가 현재의 장소로 옮기게 된 후 다시 뵙지는 못했다.

때로는 성격이 급한 손님을 만나게 되는데 음식점을 하면서 가장 힘든 고객이다. 한번은 30대 남자가 들어와서는 메뉴 주문 후 약 5분이 지나 왜 음식이 나오지 않느냐고 거칠게 항의를 한 적이 있다. 그런데 그 손님 앞에 이미 두 테이블이 기다리고 있던 때였다.

다 큰 성인이 밥을 먹으면서 많은 양의 밥알을 바닥에 흘리는 낯선 풍경, 식사가 끝난 테이블에 사용한 냅킨이 산을 이룰 만큼 쌓여 있던 난감한 뒤처리, 철판볶음밥의 양을 많이 달라는 난처한 주문도 있었다.

들고 가던 부피 큰 짐을 맡겨 놓고 다음 날 찾겠다던 손님은 이틀 동안 나타나지 않아 상당한 고민을 안겨 주기도 했다. 남의 짐 내용물을 알 수 없는 게 나에게 그렇게 큰 불안감을 줄 수 있다는 사실이 놀라웠다.

오백만 원짜리 앞치마

TV의 요리 프로그램에 나오는 유명 쉐프들이 면으로 만들어진 흰색 조리복에 순백의 앞치마를 두르고 일하는 모습은 음식점을 시작하는 이들에겐 원대한 꿈이다. 깔끔하게 정돈된 테이블이며 이제 막 공장에서 나온 듯 칼자국 하나 없는 원목도마에 장인의 솜씨로 만들어진 식칼까지 모든 게 동경의 대상이고 부러움이다.

아내도 그랬다. 점포를 계약하고 이것저것 준비할 때 앞치마 역시 이런 디자인 저런 디자인 살펴 순면으로 10장을 구매했다. 앞치마에 어울리는 모자도 세트로 골라 몇 번을 허리에 둘

러 보고 써 보고 맵시를 자랑했다.

하지만 그 순백의 앞치마를 유지하기 위해선 조수 두 명이 있어야 가능한 그림이라는 것을 깨닫는 데 채 1시간도 필요하지 않았다. 비유적으로 말한다면 그 순백의 앞치마 가격은 두 명 몫의 인건비 4백만 원인 셈이다. 그런데 사람만 두 명 더 필요한 게 아니라 식당 내 그들이 머물 공간도 함께 있어야 하니, 그마저 비용으로 환산하면 실제의 순백 앞치마 가격은 5백만 원 정도로 셈해야 맞다.

처음 장사를 시작할 때 구매했던 면 재질의 세련된 앞치마들은, 3년이 지난 지금에도 식자재 선반의 구석진 곳 상자 안에서 제 주인이 불러 주길 기다리고 있다.

근처에 서울 유명호텔에서 오랫동안 일했던 분이 운영하는 식당이 하나 있는데, 가게 전면에도 그 내용을 자랑스럽게 써 붙여 놓고 있다. 방문해 보면 나름의 자부심으로 가게를 관리하는 게 눈에 보이고, 사장님 또한 당시의 추억을 간직한 호텔식 조리복을 입고 일한다. 하지만 오랜 자영업의 때는 순백을 회색으로 바꿔 놓았다.

지금 아내가 사용하는 앞치마는 식자재마트에서 판매하는 어둡고 우중충한 우레탄 재질이다.

경험으로 설계한 새 가게

가게를 옮긴 곳은 앞서 얘기했던 우리의 낡은 단독주택을 허물고 새로 지은 신축건물의 반지하 근린생활시설이고 상권은 전혀 없는 곳이다. 전에 단독주택이었을 때도 반지하가 있었는데 가장 편안하고 아늑한 공간이었다. 게다가 오랜 익숙함을 자산으로 할 수 있었기에 더 선택한 몫이다.

쓸 만한 선무당

속칭 집 장사꾼이 뽑은 설계도는 건물을 짓는 건축업자의 수익성만을 우선시하기 때문에 해당 설계대로 건물을 올릴 경우, 다른 건물들에서 겪는 고민이 그대로 전이될 것이 뻔했다. 과거 시골 생활에서 직접 주택을 건축했던 경험도 있어 선무당 노릇 정도는 가능했기에 건축 과정에 일부 참견을 났다.

반지하였지만 지대가 높은 곳의 경사면 구조라 하수도는 펌프 설비 없이 바로 직결로 뽑아냈고, 위층의 주거 세대들과 분리된 하수관로를 구성하여 별도의 집수정을 설치했다. 많은 곳에서 위층 거주자들이 하수도 막힘 등의 문제에서 협조하지 않아 아래층 사람들이 고통받는 것을 자주 봤던 게 교훈이 됐다.

정화조 역시 위의 입주 세대들과 분리해 별도로 시설했다. 또한, 지하의 고질적인 병폐인 결로 방지를 위해 골조 시공 때 별도의 통풍구를 설치토록 요구했다. 통풍구는 이중벽체로 구성된 내부에 공기 흐름을 만들어 결로를 원천적으로 차단하는 작용을 한다. 덕분에 건축비는 꽤 투입됐지만, 여느 반지하와는 격이 다른 근린시설이 만들어졌다.

풍수학에 관심이 있어 해당 위치에서 얻을 수 있는 최적의 출입구를 반영토록 했다. 또한, 처음 터를 팔 때부터 하층부 골조를 완성하는 과정까지 경험적 구조를 관철, 이후 도시가스나 에어컨, 주방 환기구 설치에서 단 한 번도 건물에 구멍을 내는 코어 작업이 없었다. 덕분에 2020년 54일간의 역대 최장 기간 장마가 엄습했어도 우리 식당엔 곰팡이는 물론 지하 특유의 냄새도 일절 없었다.

여러 번의 불협화음 끝에 별도의 전기증설공사를 하지 않도록 처음 건물에 전기를 인입할 때부터 규격에 맞는 전선을 사용해 비용이 두 번 지출되지 않도록 했다. 도시가스 공사에서도 주방의 버너 설치구는 물론 바깥 복도4에까지 도시가스관을 뽑아 버너 설치구를 한 곳 더 만들었다. 혹시 시간을 들여 뭉근하니 고아내는 음식을 하게 된다면 아무래도 화구 하나쯤은 가게 밖에 여분으로 설치하는 게 좋겠다는 아내의 의견이었다.

반지하임을 고려해 출입문 말고도 실내로 유입되는 공기 흡입

---

4 경사면 반지하일 때 출입구 쪽에 복도를 만들면 실내 공기 온도와 바깥 공기 온도의 완충 공간으로 조성할 수 있다. 이는 결로 방지에도 매우 효과적이다.

구를 별도로 뽑았다. 흡입구는 낮은 면 도로보다 2m 높은 곳에 설치하고 언제든 필터를 설치할 수 있도록 만들었지만, 현재는 용도가 배달식당이라 워낙 빈번하게 출입구가 사용되니 제구실을 하지 않고 있다. 그렇지만 차후 사무 공간 등으로 바뀐다면 이미 설치한 공기 흡입구는 큰 역할을 할 것으로 보인다.

지금 입주해 장사한 지 만 2년이 돼 가는데 가게 면적 66㎡에 설치된 제습장치라곤 원룸에나 사용하는 소형 벽걸이 에어컨뿐이다. 다만 찜 메뉴가 더 많이 팔리게 되면 찜에서 나오는 증기량이 많아지니, 역시 벽걸이형 에어컨을 제습용으로 하나 더 설치해야겠다는 아내의 의견이 있었다.

반지하인 덕분에 겨울을 대비해 준비했던 20평형 펠릿 난로는 다시 빼내어 다른 곳으로 보내고, 사용하는 것은 도시가스 난로 하나가 전부다. 주방 온수는 예전에 50ℓ 전기온수기를 사용하면서 조금 아쉬웠던 경험에 100ℓ 용량으로 준비했는데, 사용해 보니 75ℓ 정도가 가장 적합한 것 같다.

긍정의 경험은 결과를 바꾼다

가게를 다 만들고 사용하면서 반지하에 대한 부정적 인식의 확대는 예상에 없던 부분이다. 영화 〈기생충〉에서 하층민의 대명사로 반지하의 모습을 극적 확대하고, 그 점이 영화에서의 중요 대비점으로 부각되면서 오히려 반지하 주거를 없애야 한다는 사회적 반향이 일어나고 있다.

하지만 산지와 구릉이 많은 한반도의 지형적 특성을 살린 설계에서의 노력만 있다면, 경사면의 반지하를 활용한 건물은 최근의 화두인 탄소 저감 시대에 가장 손쉽게 부응하는 건축 방식으로 생각된다. 최악의 경우라도 우리 식당은 난방 없이도 겨울나기가 가능한 수준이다.

과거 법에 규정된 의무적 반지하나 이후 허드레 공간으로서의 반지하는 최소 비용 형식의 건축이라 당연히 문제가 많았다. 그런데 그런 문제는 건축의 화려함을 추구하는 지금의 고층 건물들에서도 마찬가지다. 신축 아파트의 천장에서 물이 떨어지거나 외벽에서 스며든 물이 안으로 타고 들어 온통 곰팡이가 핀 거실의 이야기, 벽에 설치된 전기 콘센트 박스에서 수돗물처럼 물이 나오는 황당한 신축 아파트 얘기는, 반지하가 의미하는 경제적 약자의 피곤함이 아니기에 괜찮다고 할 수는 없다.

영화 〈기생충〉에서의 주거용 반지하나 최신식 고층아파트에서의 하자들은 기술의 부족이 빚은 문제가 아니라 경제적 이익을 앞세우는 건강하지 못한 시스템의 문제에서 출발한다. 그 둘 중 반지하에 대비점을 고정하는 것은 현상을 왜곡해 기형적인 만족을 얻는 부끄러움의 체계적 서술일 뿐이다.

필자의 예에서처럼 건물 시공에 약간의 지식으로 관여한 것만으로도 기존의 반지하와 완전히 다른 결과가 나온다. 단지,

우리 사회가 반지하를 주거용으로 기획·설계·시공하는 긍정의 경험이 없었을 뿐이다.

돈가스를 포기하다!

가게가 바빴던 덕에 아내의 우울증이 언제 그랬냐 싶게 좋아지긴 했지만, 사람 대하기를 불편해하기는 마찬가지인 데다, 기타 여러 문제를 검토해 돈가스를 포기하고 새로 이전한 가게는 아예 한식 배달전문점으로 전환키로 했다.

하지만 아이러니다. 이번엔 돈가스에서의 유증기를 생각해 골조 시공 때부터 설계 변경에 간섭했는데, 결국 돈가스는 재시작도 하지 않고 포기하게 됐다. 이유는 역시 주방을 맡은 아내의 건강에 대한 염려 때문이다.

재오픈하기 전, 1년 반의 애씀에 대한 작은 보상으로 머리도 식힐 겸 전국의 유명한 식당 몇 곳을 선정해 방문했다. 방문 식당 명단엔 우리가 주력할 것으로 생각됐던 돈가스 식당들도 넣었다.

방문한 돈가스 식당들의 주방을 직접 들어가 볼 수는 없었지만, 경험으로 어느 정도 판단은 가능했다. 어떤 식당은 마침 가을철이라 주방의 외부 문과 창을 모두 개방한 상태여서 괜찮게 보였지만. 대부분의 돈가스 식당들은 유증기의 상당 부분이 주방 인력의 폐 속에 침착되는 것을 피하기 어려워 보였다.

어떤 식당은 튀김기 위 덕트 갓이 사람 머리 위에 설치되어 있었다. 그런 곳은 유증기의 대부분이 주방에 확산된 후 빨려 나가고 심각하겐 홀에도 영향을 미치게 된다. 실제로 어떤 돈가스 식당은 홀에 앉아서도 튀김 기름 냄새를 맡을 수 있었다. 테이블의 수저 세트 놓이는 곳을 조금 밀어내고 만져 보니 익숙한 감촉의 끈적함이 그대로 묻어 나왔다.

무거운 숙제를 안고 서울로 돌아와 주방 덕트 설치 중 우연하게도 동네 아주머니 한 분이 들어와 얘기를 나누게 됐다. 그 아주머니 말씀이 자신이 떡볶이집을 10여 년 했는데, 환기 시스템이 형편없는 좁은 주방에서 온종일 떡볶이와 튀김을 만들다 보니 이렇게 걷기도 힘들고 숨이 차는 병이 생겼다고 한참을 푸념했다.

떡볶이와 어묵에서 올라오는 수증기에 튀김기에서 나오는 유증기가 더해진 경험은 이미 우리에게도 익숙한 악몽이었다. 젊은 시절 돈 벌 욕심이 앞서 건강이 망가지는 것을 미처 깨닫지 못했는데, 지금 그렇게 후회될 수가 없다고 한탄하는 걸 보니 나의 고민은 점점 더 커져만 갔다.

그즈음 마침 도착한 통지서 한 장은 돈가스를 포기하는 데 결정타를 날렸다. 산업재해를 주관하는 공단에서 지난 15개월간 아내를 피고용인으로 냈던 산재보험금을 돌려주겠다는 내용이었다. 내용인즉 가족 구성원은 피고용인으로 등록했어도 산업재해 시 보험 적용을 받을 수 없어 지난 기간 받았던 보험금을 돌려주겠다는 것이다.

결국, 돈가스를 주력 사업으로 하려면 아내가 아닌 다른 누군가의 건강을 담보로 하는 영악한 자본주의 시스템을 수용하지 않고는 지속할 수 없는 사안이었다. 그날로 더는 돈가스에 미련을 가지지 않기로 했다. 통지서를 받은 날 돈가스는 종료됐다. 그렇게 돈가스를 포기하고 돌아보니 겨우 1년 반의 세월이었는데도 참 먼 길을 돌아온 느낌이었다.

'여보게 목수 양반! 이제 다시 시작일세.'

포장 용기도 중요하다

그렇게 마음먹고 신메뉴 구상에서 가장 신경 쓴 부분은 '친화성'이다. 요즘은 여기저기 낯선 음식들이 많고 또 그런 것을 찾아다니며 먹는 사람들도 있지만, 우리는 동네의 평범한 이웃들을 고객으로 하는 사업인 만큼 대체로 모든 사람에게 익숙한 메뉴를 도입하기로 했다.

라이더 없는 배달음식점을 창업했습니다

순두부, 김치찌개, 된장찌개, 청국장찌개, 불고기, 부대찌개 같이 한국인이면 누구도 외면하지 않는 국물 메뉴들을 전면에 내세웠다. 문제는 배달의 불편이다. 국물이 많은 음식을 배달해야 하니 여간 신경 쓰이는 부분이 아니다.

국물이 있는 음식 배달에서 알려진 가장 좋은 방법은 실링 기법이다. 그런데 실링 기계를 구매해 놓고 보니 또 문제가 생겼다. 하는 일마다 처음엔 실수가 생기니 투입 비용과 시간에 대한 낭비로 발생하는 스트레스도 이만저만 아니다.

실링 기계의 가장 큰 약점은 우리처럼 채소를 많이 사용하고 갓 끓여 내는 음식을 뜨거운 채 담으면, 밀폐시킨 용기 상부가 심하게 부풀어 오른다는 점이다. 찌개의 채소들은 고유의 향을 냄새라는 입자를 통해 조금씩 내보내는데, 우리말로는 김이고 영어로는 가스다.

실링 용기가 부풀어 오르는 것을 방지하려면 음식을 일정 온도 이하로 식혀서 담거나, 미리 끓여서 김을 뺀 음식을 주문이 온 후 적당히 데워서 내보내야 한다는 얘기다. 즉 식재료가 가진 고유의 특징을 뭉개는 것인데, 황당한 일이 아닐 수 없다. 재료의 특성을 살려 제맛을 내는 음식을 제공하기보단, 배달의 편의성을 따져 음식 품질을 실링 용기 특성에 맞추는 발상 자체가 황당했다.

우리는 과감하게 실링 기계를 포기하기로 했다. 아니, 그보

다는 고작 실링 용기 사용을 위해 애써 만든 음식 품질을 포기할 생각이 없었다는 표현이 더 타당했다.

결국, 우리가 선택한 것은 사진과 같은 죽 용기였다. 폴리프로필렌[5] 소재의 죽 용기 샘플을 신청해 뜨거운 물을 넣고 흔들어 보니 실링 용기의 밀폐성에 미치진 못했지만, 국물이 새어나와 배달이 곤란한 정도는 아니었다. 우리는 승용차를 이용한 주인 직배송이기 때문에 그 이점을 최대한 부각했다.

거기에 실링 용기들은 적층했을 때 뚜껑에 해당하는 비닐이 찢길 위험 부담이 컸지만, 죽 용기는 적층이 훨씬 수월해 우리 음식을 주문하는 고객들의 특성에 부합했다. 우리 고객들은 찌

---

5 일회용 포장 용기는 pp로 표기된 폴리프로필렌(polypropylene)이라는 소재와 PS로 표기된 폴리스티렌(polystyrene)이라는 소재 두 가지로 만들어진다. 음식물이 직접 닿는 부위엔 열에 강한 pp 소재로 만들어진 용기가 사용되고, 도시락 뚜껑은 PS 재질인 경우가 대부분이다. PS 소재는 뜨거운 김이 닿기만 해도 모양이 변형된다.

개를 한 개 주문하기보단 보통 2~4개를 주문하고 있었다.

배달영업의 세계에서 매우 중요한 일보를 내디딘 셈인데, 당시엔 그렇게까지 생각하진 못했다. 오랜 시간이 지난 후에야 우리 음식이 고객들에게 인정받는 데 죽 용기 선택도 큰 역할을 했음을 알게 됐다. 물론 그것은 애매한 선택이었던 실링 기법을 과감히 포기하는 판단에서 비롯됐다.

특히 1인 가구 고객들이 주문한 음식을 한 번에 다 먹는 경우가 드물다는 점이 뚜껑을 가진 우리 음식을 더 선호하게 된 요인으로 작용했다. 실링 용기는 한 번 개봉하면 다른 용기에 옮겨 담거나 전부 먹어야 하는 게 약점이다. 배달음식 각각의 특성에 맞는 적합한 포장 용기를 선택하는 것은 배달전문점에서 매우 중요한 부분이다.

찌개 전문식당으로 전환

흔히 집밥이라고 한다. 참 쉽고도 어려운 단어다. 각종 방송이나 인터넷 등 눈에 보이는 모든 정보 매체들은 앞다퉈 새로운 음식을 소개하고, 사람들은 열심히 정보를 습득하고 찾아가 먹어 보고, 블로깅을 하거나 유튜브의 또 다른 전파자가 되는 게 작금의 음식문화 주류다.

모 연예인급 요리연구가는 방송에서의 높은 출연율도 부족해 자신만의 개인 유튜브 방송을 위한 전문가팀까지 구성해 활동할 정도로 열성적이다. 우리에게 보여 준 것은 음식 만들고 소개하고 조언하고 꾸짖은 게 전부인데도 대통령 후보로까지 이름이 오르내릴 정도니, 이 정도면 가히 음식 천하로 불리어도 손색없는 시대다.

방송이나 유튜브에 소개되는 음식들의 면면은 대부분 화려하고 장식적이며 때로는 그 연원을 공부하기에도 벅찬 전통음식들도 있고, 어떤 경우엔 들어가는 식재료를 구하기도 어렵고 이름조차 들어 보지 못한 소스도 부지기수다. 거기에 더해 요즘은 ASMR[6]이라는 오감 자극 기법이 동원되어 영상을 보고 듣는 내내 맛으로 소리로 시청자를 고문하고 사람들은 그걸 즐긴다. 그런데도 모두가 집밥을 찾는다. 우리 식당의 리뷰에서도 가장 많아 나오는 단어가 '집밥'이다.

"완전 집밥이네요."

"이 식당은 정말 집밥입니다."

"집 떠나 아쉬움이 많은데 이렇게 집밥을 먹을 수 있어 너무

---

6 ASMR은 자율(Autonomous)·감각(Sensory)·쾌락(Meridian)·반응(Response) 단어의 영문 앞 글자 줄임말로, 인간의 오감을 자극하는 극적인 수단들을 가장 감성적으로 전달하는 방식을 일컫는 용어다. 음식 방송과 관련해선 성능이 우수한 마이크를 통해 입력된 생생한 음식 씹는 소리를 시청자의 스피커를 통해 전달하는 효과 방식으로 사용된다.

좋아요.”

밥과 반찬을 분리하다

완전한 한식 메뉴로 바꾸면서 기존과 다른 새로운 방식의 배달전문점을 기획했다. 메뉴명이 '순두부찌개'가 아니라 '순두부찌개 단품', '김치찌개 단품'처럼 밥과 반찬을 제외한 단품 판매로의 전환이다. 기존에 고추장찌개 도시락을 9,500원에 판매했지만, 밥과 반찬을 제외하고 찌개 단품으로 6,600원 판매로 바꿨다. 순두부찌개는 7,500원에 밥과 반찬이 제공됐지만 '순두부찌개 단품'으로 5,200원에 올렸다.

이게 가능했던 이유는 배달의민족 시스템에 최소주문금액 설정이 가능했기 때문이다. 5,200원 순두부찌개 하나만을 판매하는 것은 불가능하지만 최소주문금액이 15,000원이면 메뉴별 최

우리 식당의 메뉴 화면 일부

저 수준의 가격 책정이 가능하기 때문이다. 또한, 밥과 반찬을 별도의 메뉴로 뽑아 선택을 자유롭게 한 점이 많은 고객에게 긍정적인 반응으로 연결됐다. 이런 긍정 반응으로의 연결엔 최근 몇 년 새 급격히 증가한 반찬전문점들의 활약이 큰 도움으로 작용했다.

예전 같으면 한식집에서 밥·반찬·국·찌개 별도 판매는 상상할 수도 없었지만, 반찬전문점들이 배달앱의 한식 코너에 들어오면서 한식 배달전문점의 변화에 더욱 유리한 환경이 만들어졌다. 동일한 메뉴 화면의 아래위에 포진한 반찬전문점들이 밥·반찬·찌개·국을 분리해 판매하니, 한식집에서 메뉴를 세분화시킨 것도 전혀 이상하지 않았다.

한식 배달식당의 자체 노력만으론 수십 년이 걸려도 힘든 내용이, 반찬전문점의 등장 덕에 한순간에 바뀔 수 있었다. 하지만 오프라인의 한식당들은 여전히 밥·반찬·찌개가 세트로 놓여 있어야 판매가 된다. 배달앱 시장이 오프라인과 차별화된 방향으로 가고 있을 뿐 아니라 일정 부분 외식문화를 선도하는 위치에 올라섰다는 증거다.

봉화목수의 새로운 출발, 찌개 전문배달식당은 그렇게 막을 올렸다.

'차별화된 맛'이 고객의 호응을 이끌어 낸다

메뉴는 친화성을 주요한 기준으로 삼고 판매 방식은 현실에 맞게 밥과 반찬을 분리했지만, 반찬을 주문하는 고객들 앞에 놓일 반찬은 또 다른 얘기다. 이건 반찬전문점과 비교가 되기 때문에 어떤 차별화가 있어야 했다.

우리는 먼저 반찬전문점들에서 취급하지 않는 반찬들을 찾았다. 그중에 인기를 끈 하나가 '명란무침'이다. 명란을 판매하는 곳은 흔하지만 명란무침을 판매하는 곳은 거의 없다는 점에 착안했다. 이 반찬은 꽤 인기가 좋아 만드는 법을 가르쳐 달라는 고객들이 참 많아 곤란을 겪을 정도였다. 100g에 5,000원으로 판매했고 시세에 따라 조금 변동이 있었다.

반찬 중 '두부강정'도 상당한 인기를 끌어 두 개씩 주문하는 고객도 많았는데, 두부는 재료 자체가 쉽게 구할 수 있고 값이

명란무침

두부강정

들깨고사리볶음

싸다는 인식이 강해 공이 많이 들어가는 것에 비해선 낮은 가격을 책정할 수밖에 없었다. 깍두기 크기의 두부강정 16~18개를 담아 2,500원에 판매했다.

다음으로 인기가 좋았던 반찬은 들깨고사리볶음이었다. 고사리볶음에 들깻가루를 넣은 것인데 고사리와 들깨가 예상외로 조합이 좋다. 한 번 먹어 본 사람은 몇 번이고 다시 찾게 되는 반찬이다.

그 외 건조묵볶음, 목이버섯채조림, 다시마채초장 등이 반찬으로 제공됐다. 그렇지만 배달식당에 있어 반찬은 양날의 검과 같은 존재였다. 한식당의 리뷰에서 업주를 가장 괴롭히는 게 반찬이었기 때문이다.

반찬은 약점이고 난점이자 승부수다

배달앱의 분야별 카테고리들을 살펴보면 특징이 있다. 대부분 음식점이 단일 메뉴만 취급하면서 최소한의 형식적인 반찬을 제공하는 방식을 취한다는 것이다. 종류가 백화점 푸드코트인 양 많은 메뉴를 취급하려면 현실적으로 식자재상에서 판매하는 반조리 제품이나 완제품을 납품받아 사용하게 된다. 그런데 예를 들어 공장에서 나온 완제품 삼계탕이라면 닭 뼈가 무를 정도로 푹 고아진 제품이기 때문에, 내용을 아는 고객들에겐 금방 들통나고 가게 신뢰도에 문제가 발생할 수도 있다.

다른 문제도 있다. 만약 육개장을 업소에서 직접 끓였다면 항상 똑같은 맛이 만들어질 수 없다. 계절마다 들어오는 채소들의 성질이 다르고 사육 방식에 따라 고기의 육질이 제각각이기 때문이다. 대파 한 가지만 산지가 달라져도 음식의 맛이 다르다. 그런데 전에 육개장을 주문해 먹었던 고객이 이번에 맛이 좀 다르다고 별점을 뺄 수도 있다. 우리 식당도 이런 이유로 메뉴에서 육개장을 제외하게 됐다.

업주로선 식자재마트에서 포장 판매하는 육개장을 사다가 대파 잎 몇 조각7에 달걀물 좀 풀어서 내보내면 이런 문제들이 일

---

7 대파의 파란 잎 부분은 품종이나 계절에 관계없이 맛에서 큰 차이가 없다. 대파가 음식에서 영향을 끼치는 부분은 줄기에 해당하는 하얀 부분과 잎과 줄기가 만나는 부분까지다.

시에 해결된다. 먹을 때마다 한결같은 맛이 나오기 때문에 맛집 소리도 듣게 된다. 그렇지만 현실에선 자기가 농사를 짓는 게 아니므로 맛이 조금씩은 달라야 진정한 '식당표' 음식이다.

필자의 농사 경험으론 같은 품종의 사과나무 두 그루를 인접해 심고 각각 거름의 종류를 달리하면 사과 맛도 달라진다. 단지 논둑으로 구분된 이웃한 답에 같은 품종의 벼를 심어도, 각기 어떤 식으로 답을 관리했는지에 따라 밥맛 역시 달라진다.

반찬에서도 식자재용 명이나물 절임을 제공하면 맛이 항상 일정하지만, 업소에서 직접 명이나물을 절였다면 시간의 경과에 따라 맛이 달라진다. 왜냐하면, 식당표 명이절임엔 방부제가 들어가지 않기 때문이다. 그렇지만 맛집이 되려면 방부제가 들어간 식자재용 명이절임을 제공해야 항상 같은 맛으로 고객들에게서 긍정의 미소를 얻어 낼 수 있다.

그리고, 그것들 모두는 리뷰로 연결된다. 간혹 자신이 제공한 건강한 음식에 달린 어이없는 악평에 충격받은 업주 중엔 그날로 배달앱 등록을 취소하는 예도 있다. 어떤 악평이 달리든 업주가 할 수 있는 대항은 몇 마디 변명의 답글이 고작이고, 그 악평을 차단하거나 삭제하는 등의 조치는 불가능하다. 다만 배달의민족 경우 악평의 내용에 욕설 등이 들어갔다면 일정 기간 게시 중단 요청이 가능하지만, 필자의 경험으론 욕설이 들어간 악평은 오히려 가게에 치명적이지 않다. 정말 문제가 되는 악평은 교묘한 모습을 하고 있다.

속 불편한 사회를 권하는 배달앱

이렇게 소비자에게 절대적 권한이 주어진 리뷰의 영향으로 배달식당에서 제공되는 반찬들은 점점 획일화되는 추세다. 결국엔 어떤 식당에서 주문해도 매 똑같은 반찬 일색으로 전환되는 중이다. 그래서 일부 식자재상엔 배달업소용 반찬을 전문적으로 공급하는 체계화된 영업도 등장하고 있는데, 이런 반찬 중 장기간 유통을 목적으로 하는 식품류엔 소브산칼륨[8]이나 안식향산나트륨[9] 등이 대부분 함유되어 있다. 심지어 우리가 흔히 먹는 즉석밥에도 보존 효과를 위한 산도조절제[10]가 들어가 있다.

이 성분들은 식사하고 난 뒤 속이 더부룩한 느낌을 주는 주범이다. 위에선 위산을 분비해 들어온 음식을 소화하려 애쓰는데, 막상 들어온 음식엔 그 상태를 보존하려는 방부제가 철벽 방어 중이다. 쉽게 말해 살기 위해서 먹은 음식이 속에선 내 몸

---

8 소브산칼륨은 소르빈산칼륨이라고도 하며 미생물의 생육을 억제하는 합성보존제(방부제)이다. 음식점에서 사용하는 식재료들 중엔 치즈, 식육가공품, 어육가공품, 땅콩버터, 된장, 고추장, 젓갈, 식초절임, 마가린 등에 사용되며, 재료별로 허용치 기준량이 각각이다.
9 안식향산나트륨은 벤조산나트륨이라고도 하며 세균과 곰팡이를 억제하는 식품 보존제(방부제)이다. 음식점에서 사용하는 식재료들 중엔 간장류, 식초절임류, 마가린, 마요네즈 등에 사용되며, 재료별로 허용치 기준량이 각각이다.
10 산도조절제는 식품의 산도(PH)를 조절하는 기능을 하는데 구연산 말릭산(사과산), 인산염 등이 사용되며, 식품의 유통기한을 늘리기 위해 사용된다.

과 싸우고 있는 셈이다. 필자는 많은 이들이 겪는 현대인의 고질병인 위산과다의 원인이 우리가 섭취하는 공장제 음식[11]에도 있다고 생각한다. 섭취한 음식에 포함된 방부제가 위산에 저항하니 몸에선 그 음식을 분해하기 위해 더 많은 산을 내보내야 하고, 결국엔 그 조절이 실패해 질병으로 발전하는 것이 아닌가 한다.

식당에서 반찬을 만들면 전혀 들어가지 않는 방부제가, 허용치만큼 첨가된 공장 반찬으로 대체되어 제공되는 현실은 모두가 함께 고민해야 하는 배달앱의 과제라고 생각된다. 배춧잎 한 장의 힘으로 추상같은 권력을 휘두른 소비자의 리뷰가 업주에게 생채기를 남기고, 그 업주는 예상되는 다음 회차의 예봉을 피하기 위한 방어기제로 소브산칼륨과 안식향산나트륨을 들이미는 식이다.

그렇지만 우리는 반찬의 약점이 만든 난맥상이 승부수라고 생각했다. 모든 반찬류를 직접 만들었고 아내의 살림 경험에서 얻은 지혜로 일반 식당들에선 흔히 볼 수 없는 반찬들이 제공됐다. 모든 이들을 우리 고객으로 할 수는 없지만, 우리 식당에서 제공하는 반찬들을 먹어 본 소비자들의 대부분은 긍정의 표시를 보여 줬다. 그것은 리뷰에서보단 재주문율의 증가로 나타났다.

---

11 식당용 식자재가 아닌 소비자들을 대상으로 만든 일부 대형 식품회사들의 가공식품엔 방부제 성분이 들어가지 않은 완제품도 있다

우리만의 화학조미료 기준

별도의 화학조미료를 사용하지 않는 반찬을 만든다고 하면 많은 사람이 의심의 눈초리로 대한다. 앞서 예를 든 유명 요리 연구가도 그가 출연하는 방송에서, 화학조미료를 사용하지 않는다는 말 자체를 매우 불편한 시선으로 바라보고 있음을 숨기지 않는다. 방문한 음식점에서 주인이 사용하는 간장병을 들곤, 이 안에 이미 조미료가 들어있는데 화학조미료를 사용하지 않는다는 말은 거짓말이라고 충고하는 장면을 본 적이 있다.

필자도 조사해 보니 새우젓을 비롯한 각종 젓갈류에도 소비자의 식탁에 도착하기 전에 이미 화학조미료가 첨가되는 사례를 발견했다. 식당들에서 나온 젓갈이 유난히 감칠맛 난다면 화학조미료가 첨가됐다고 보는 게 편하다. 그런데 일반적인 추측과 달리 화학조미료가 일절 들어가지 않은 장류도 시중에 판매되고 있다. 더불어 일부 젓갈 업체에서도 자신들의 젓갈이 무조미료임을 따로 표기하고 있다. 이렇게 좀 더 들여다보면 모든 재료를 불신하지 않아도 되는 환경이 준비되어 있다.

식품의약품안전처에서 말하는 대로 화학조미료가 나쁜 것은 아니겠지만, 백색의 결정 조미료를 제법 사용한 음식과 그렇지 않은 음식은 맛에서 차이가 분명하다. 그리고 그 차이는 필자뿐 아니라 다른 이들에게도 공유되는 부분이다. 건강에서의 유무해를 떠나 분명히 다른 맛인데 괜찮다고 하는 사회도 불편한 것은 분명하다. 별도의 화학조미료 사용을 꺼리는 식당으로서 상당히 고민되는 부분이라 어느 정도 객관성을 위해 다음과 같은 테스트를 진행했다.

1. 시중에 유통되는 간장 중 무 MSG로 표기된 제품을 사용한 반찬
2. 시중에 유통되는 간장 중 MSG가 첨가된 제품을 사용한 반찬
3. 1, 2 각각에 별도의 화학조미료를 추가해 만든 반찬

1번은 재료의 풍미가 훼손되지 않은 장점을 보여 주는데 일종의 거친 맛이 남아 있어, 각 재료의 특성에 따른 화력 조절이나 간장을 투입하는 시기, 방법 등이 달라야 제맛이 만들어졌다. 예를 들어 우리 식당에서 인기 있는 반찬인 들깨고사리볶음에선 최초 고사리를 프라이팬에 올렸을 땐 간장을 살짝 태워 맛을 입히고, 끝맺을 때 나머지 간장을 고루 입히는 게 맛이 좋았다. 다만 만들어진 반찬에서 시간이 지날수록 재료 본연의 향이 날아가 맛의 변화는 있다.

2번은 함유된 MSG가 요리하는 사람의 실수를 일부 커버해 줄 수 있는 수준만큼 작용했다. 1번에서 간장을 태울 때 그 시

기나 양이 숙달되지 못했어도 미량의 MSG가 다른 맛을 작동시켜 실수를 실수로 보이게 하지 않았다. 만들어진 음식의 맛 보존성 등은 1번과 엇비슷했다.

3번은 요리하는 사람이 크게 노력하지 않아도, 재료의 상태가 썩 좋지 못해도 큰 문제가 되지 않았다. 간장을 태우나 안 태우나 MSG가 가진 자신만의 맛을 강제로 작동시켜 전체 맛을 뭉뚱그리기 때문에 특별히 기교가 부족해도 문제가 없었고, 이미 재료들의 고유 특성을 없앤 후라 음식의 맛도 오랫동안 일정하게 유지됐다.

맛의 차이점을 요약하면, 무 MSG 장류나 미량의 MSG가 들어간 장류의 반찬들은 우선 식재료의 풍미가 살아 있고 먹고 난 후 뒷맛이 깔끔했으나, 오래 보관하게 되면 풍미가 그만큼 약해진다. 그러나 별도의 화학조미료를 추가로 투입해 만든 반찬들에선 재료 고유의 풍미보단 MSG 특유의 감칠맛이 분명했고 먹고 난 후엔 뒷맛이 남았다. 시간이 지났다고 해서 달라질 풍미는 처음부터 없었기 때문에 오랜 시간 맛은 일정한 편이다. 물론 사람의 입맛에 관한 부분이라 딱 맞는 답은 없다고 보지만, 장기간 유통이나 보관이 불필요한 식당 음식에 별도의 화학조미료는 오히려 방해 요소라고 생각됐다.

그래서 다음과 같은 기준을 세웠다. 시판되는 장류에 들어 있는 정도의 MSG는 수용하되, 별도의 화학조미료는 억제하는 것으로 말이다. 하지만 김치 때문에 아예 사용하지 않는 것은 현실적으로 어렵다. 특히 김치에서 화학조미료는 이미 100여 년 한국인의 입맛을 길들여 놨기 때문에 화학조미료 빠진 김치는 먹기 힘들 정도로 맛이 투박하다. 실제로 화학조미료와 설탕을 빼고 만들어 봤는데, 나중에 신김치가 돼서도 먹기 힘든 맛이었다.

우리 식당에선 이런 테스트를 바탕으로 반찬을 만들었다. 그렇게 만들어진 반찬의 평가는 주인의 말이 아닌 고객들의 입을 통해 객관적으로 증명되고 있다. 리뷰에서도 나타나고 있지만 가장 확실한 것은 역시 높은 재주문율이다. 필자의 식당 매출액이 배달앱 한식점의 평균 매출액 중간보다 조금 아래에 위치하지만, 재주문율만큼은 상위 25% 그룹의 두 배에 달하고 있다.

1인 창업은 NO! NO!

1인 창업 이야기가 참 많다. 혼자 사는 사람이 늘어나더니 이젠 음식점도 1인 창업이 대세인 듯 소개되는 횟수가 늘었다. 그렇지만 현장에서 보기엔 1인 창업에 대한 정보의 양이 늘어난만큼 큰 변화는 아니라고 생각된다. 과거에도 1인 창업은 충분히 많았다. 다만 최근의 추세는 음식점을 주제로 1인 창업 정보가 증가한 것으로 보인다. 그런데 음식점 운영 경험자라면 음식업 1인 창업이 얼마나 험난한 길인지 잘 안다.

음식점과 관련해 1인 창업으로 돈 벌기엔 라이더스를 하는 게 확실하다. 중급 이상의 기동성을 갖춘 남자라면 월 400백만 원[12]은 가능하다. 궤를 같이해서 음식점을 하려면 배달전문점이 거스를 수 없는 대세다. 그런데 대부분의 배달전문점은 라이더스보다 적은 수익을 얻고, 가게 운영에 따른 책임 소재[13]의 부담까지 이만저만 힘든 게 아니다. 하지만 1인 창업이 아니라 2인 창업을 생각하면 확 달라진다.

필자가 지켜본 어떤 피자집은 두 명의 젊은이가 동업으로 운영하는데, 한 명은 피자를 만들고 다른 한 명은 배달을 한다. 최소주문금액 14,000원에 배달팁 평균이 1,500원이고 평일엔 평균 50판~70판, 토·일요일엔 보통 150판 정도 나가는데 한 번 나갈 때 통상 2~4 주문을 소화하고 있다. 주말엔 1명이 추가된다.

이 피자집은 배달팁 매출로만 월평균 300만 원 가까이 올리고 있다. 그런데 이 가게가 배달대행을 쓰면 월 400~500만 원 정도가 지출된다. 즉, 1명이 운영했을 때와 비교하면 월 700~800만 원의 수익이 증가한 셈이다. 경영의 측면에서 살펴보면, 동업

---

12 최근 배달업무 지원자가 증가해 변동 폭이 커지고 있다.
13 가게 임차계약 이행과 관련한 문제, 고용인이 있다면 근로계약 이행과 관련한 문제, 위생과 관련한 문제, 세금과 관련한 문제 등 자영업자가 책임져야 할 일은 예상외로 많다.

자 한 명이 단순히 배달만을 담당하는 개념이 아니라는 것을 알 수 있다. 이건 숫자의 마법이 아니라 실제 상황이다.

음식점 1인 창업으로 월 매출 1천만 원은 쉽지 않다. 하루도 쉬는 날 없이 일하면 일 330,000원 매출을 올려야 하고, 일주일에 하루를 쉰다면 일 400,000원 매출을 올려야 한다. 사업한다고 남들에게 말하려면 이런 매출로 최소 2~3년 경력은 돼야 하는데, 어지간한 체력과 의지력이 아니고선 '정말정말' 달성하기 어려운 수치다.

이 책의 4부 '개업 전 분초(分秒) 단위의 시뮬레이션은 필수'를 읽어 보면, 초보의 40만 원 매출 달성이 얼마나 어려운 일인지 가늠할 수 있다. 10,000원 메뉴면 40인분을 만들어야 하고, 한 주문에 포장까지 15분이 소요된다면 꼬박 10시간을 화장실도 가지 않고 먹지도 않고 잠시도 한눈팔지 않아야 가능한 금액이다. 그리고 배달비를 3,000원으로 했을 때 고객과 반반 부담으로도 하루 60,000원을 지출해야 한다. 일 40만 원 매출에서 배달비 6만 원을 빼면 실질적인 매출액은 일 34만 원이다.

2인이 월 1천만 원 수익을 만드는 것은 노력하면 곧 되지만, 1인으로는 월 매출 1천만 원도 쉬운 일이 아니다. 필자의 경험으로 볼 때 최근의 배달식당은 가족 구성원이나 친구 동업자로 2~3명이 함께 운영했을 때 최상의 시너지를 낸다. 우리 식당 외에도 인근에 떡볶이 배달전문점을 운영하는 부부 역시 남편이 배달을 담당하고 있는데, 매출액 대비 마진율이 다른 욕심 내지 않아도 될 만큼 여유 있다.

관점을 달리해서 보면 지금이야말로 자영업 음식점의 황금기다. 그렇지만 세상의 생각을 지배하는 언론들도 황금기를 구가하고 있다. 단순한 기삿거리 양산이나 진영의 정치적 이익을 앞세워 생산하는 그럴듯하거나 비관적인 내용에 몰입하면, 실제 시장이 제시하는 내용을 놓치게 된다.

끝없는 변화만이 살길

2020년 2월에 누구도 예상하지 못했던 코로나바이러스의 출현은 일찍이 경험하지 못했던 시장 환경을 만들기 시작했다. 국가가 아둔해 국제기구인 IMF의 관리를 받던 시절엔 돈이 없어 흉흉했지만, 코로나 바이러스가 창궐한 지금엔 돈이 있어도 사용하지 못하는 초유의 상황이 됐다. 코로나 사태 전 우리의 가게 운영은 다음과 같았다.

매주 월요일은 휴무.
화·수·목·금은 오후 5시 오픈, 밤 11시 종료.
토·일요일은 오전 10시 오픈, 밤 10시 종료.

하지만 코로나19로 인한 전 세계적 위기 상황에선 너무 안일한 운영으로 인식됐다. 매일매일의 뉴스에서 느껴지는 긴장감은 사람들에게 공포를 확산시키며 거리를 경직된 모습으로 바꿔 가기 시작했다. 일시적으론 사재기 현상도 나타날 정도로 불안한 현상에 가게 운영 방식을 바꾸기로 했다.

매주 월요일은 휴무.
화·수·목·금·토·일은 오전 10시 오픈, 밤 10시 종료.

월요일 휴무는 그대로였지만 주 6일 근무에 일평균 8시간 노동에서, 주6일 근무 일 평균 12시간 노동으로의 전환이었다.

메뉴에서도 변화를 꾀했다. 봉쇄에 대한 사회적 공감대가 있었고 외부 활동이 감소된 환경에 맞춰, 한 번 주문하면 여러 번 먹을 수 있는 김치찜을 신메뉴로 확정했다. 예전에도 묵은지삼겹찜을 메뉴로 올려 인기리에 판매됐던 경험이 있었기 때문에 이번엔 좀 더 내용을 업그레이드한 상품으로 만들었다.

경제적 이익을 앞세우기보단 사회적 고통 분담에 보조를 맞추는 선택이었다. 찜에 들어가는 김치와 고기의 양을 이전보다 늘리고 가격은 동결했다. 또 새로운 메뉴로 계란말이를 추가했는데 품은 많이 들어가고, 역대 최장 기간의 장마 영향으로 계란

라이더 없는 배달음식점을 창업했습니다

가격은 계속 상승했지만 넉넉한 양으로 야무지게 담아서 보냈다.

고객들의 반응은 좋았다. 조금은 암울한 사회적 분위기에서 나름 역할을 한다고 생각했다. 한편 뉴스에선 어려움에 처한 음식업 자영업자들 대부분이 배달앱 등록을 신청해 등록되기까지 한 달이 넘게 걸린다는 뉴스가 나오고 있었다. 특히 한식 카테고리에선 상당한 시간 동안 앱 화면을 넘겨도 끝을 만나기 힘들 정도로 많은 업체가 들어차고 있었다. 그만큼 어려운 상황들에 처했다는 의미였다.

보다 못해 맛집 랭킹 한식 카테고리의 상위권에 있던 우리 식당을 메뉴가 비슷하게 적용되는 도시락 카테고리로 이전해 자리를 하나 양보하기로 했다. 아무도 우리의 이전 이유를 알 수 없었지만, 마음은 따뜻해졌다. 이전하기로 한 도시락 카테고리는 한식 카테고리와 비교한다면 마치 지방의 소도시 같은 느낌이었다.

그렇게 3월부터 9월까지 운영했는데 필자도 힘들었지만, 주방장인 아내의 체력이 더는 버티기 힘든 상황이 됐다. 다시 조정해야 할 때가 찾아왔다. 10월 초의 추석 연휴를 끝내고 가게는 고객과의 상생을 유지하기 위한 또 다른 변화로 이번엔 야식 카테고리로 이전하며 운영 시간은 축소하고 배달 범위는 확대했다. 야간 영업으로 전환하면 도로 정체에서 벗어날 수가 있어 그만큼 배달 거리를 늘릴 수 있다.

매일 오후 6시 30분 오픈, 다음 날 01시 30분 종료.

배달앱의 세계는 하루하루 다른 양상으로 진화하는 중이다. 필자가 이 책을 쓰기 시작한 2020년 6월부터 탈고하는 10월 사이에도 일부 내용을 정정해야 할 정도로 변화가 있었다. 그에 맞춰 배달앱에 입점한 식당들도 끝없이 변화하는 생태계에 적응하고 또 시스템을 이용해야 한다. 다행인 것은 오프라인 식당이었다면 감히 꿈도 꾸지 못할 만큼 변화하는 환경에 잘 적응할 수 있다는 점이다.

내 안의 여유로움으로 화답한 3년

필자의 식당은 창업 이래 오픈리스트[14]도 없었고 울트라콜[15] 깃발 1개로 운영되고 있다. 지출되는 광고비가 적으니 2019년 97.5배의 서비스성과[16]를 기록했다. 거의 100배에 달하는 수치인데 이는 매출액 중 광고비용이 1%라는 의미다. 이 책을 탈고

---

14 오픈리스트는 카테고리의 앞부분에 순서대로 노출되는 대신 높은 정률제 수수료를 부담해야 한다.

15 울트라콜은 월 8만8천 원에 가입하는 정액제상품의 명칭이다.

16 서비스성과는 지출한 광고비 대비 매출액을 말한다. 배달의민족에 지출한 광고비가 9만 원인데 매출이 90만 원이면 10배의 서비스성과이고, 900만 원이면 100배의 서비스성과이다.

한 즈음인 2020년 10월 5일 기준으로는 102배의 서비스성과를 기록하고 있다.

배달의민족에 등록한 업체의 평균 광고비가 매출액 대비 5~7%로 알려져 있고, 배달앱 공식 광고비에 책정되지 않는 자체 광고 효과를 위한 인쇄 용품, 쿠폰책자, 기타 스티커 등의 비용까지 합치면 업체들의 광고비는 더 높은 수치가 된다.

그런데 필자의 식당은 매주 월요일 휴무를 기본으로 2019년 총 휴무일이 70일 정도였다는 것과 1일 운영 시간이 재료 준비 시간을 포함해 평균 9시간이었다는 것을 생각해 보면 더욱 남다른 결과로 볼 수 있다.

좋은 음식 만들기는 나를 더 좋게 한다

처음부터 음식의 맛을 최고의 광고 무기로 삼았기 때문에 어떤 인쇄비용도 지출된 적이 없었고 지금도 그렇다. 2019년 부가가치세 신고에선 1억 원이 조금 넘는 매출 신고를 했다. 유튜브 등을 통해 소개되는 식당들처럼 큰 매출은 아니지만, 나름대로 내실 있는 운영이었다고 자평하고 있다.

돈만을 목표로 했다면 휴일 수를 줄이고 운영 시간도 늘리는 공격적인 운영으로, 서비스성과 150배 이상도 충분히 가능한 수치였을 것으로 추정된다. 그랬다면 인원수를 늘리지 않아도 연 매출 1억5천만 원까지는 달성했을 것으로 생각되지만 우리는 그렇게 하지 않았다.

좋은 음식을 만들려면 주인은 물론 주방장의 상태도 온전해야 한다. 주방장인 아내의 심기가 망가진 날엔 음식 맛에 변화가 생길 수밖에 없다. 특히 우리는 음식을 미리 만들어 두지 않는 원칙이라 그때그때의 심리 상태도 맛에 영향을 끼쳤다. 고민 끝에 이렇게 발상을 전환했다. 사람인 이상 여러 요인에 의한 심리 상태 변화는 당연한 현상이라고 생각했다. 그리고 이 부분을 매출액 외 알파로 만들었다.

오늘 매출이 30만 원이지만 내가 좋은 심리 상태로 음식을 맛있게 만들었다면 정신건강도 30만 원어치 증가한 것이다. 반대로 오늘 매출이 30만 원이지만 스트레스 속에서 일했다면 정신건강으론 30만 원의 마이너스가 발생했고 음식의 맛도 떨어진 것이다. 전자의 경우에선 매출 30만 원에 알파의 기운이 보태지고 맛있는 음식에 따른 재주문이 예상되지만, 후자에선 매출 30만 원에 스트레스로 인한 정신건강 악화와 그에 따른 저품질의 음식으로 재주문마저 차단된다.

좋은 음식을 만드는 일에 열중하고 거기에서 성취감을 얻으니 아내의 우울증은 저절로 사라졌다. 만약 빈틈없이 일해 150배의 서비스성과를 기록했어도, 지금 글을 쓰는 심정인 '내 안의 여유로움'이 가능했을까 반문하면 고개를 젓게 된다. 모두가 얼마를 벌었는가에만 집착하는 배달앱의 세계는 코끼리만

한 몸에 바늘구멍만 한 목구멍을 가진 아귀들의 다툼이 될 뿐이다. 한몫 챙겨 어서 떠날 욕심을 궁리하기보단, 일 자체를 행복으로 돌리는 좋은 기회를 얻었다고 생각하니 음식을 만드는 손도 덩달아 행복해졌다.

이제 봉화목수의 한식당은 꽤 맛있다고 알려져 배달의민족 앱에선 7월, 8월, 9월 연속 평점 5.0을 달성했다. 단일 품목 메뉴가 아닌 일반 한식당으론 거의 불가능한 고지였지만, 음식점의 기본을 지킨 3년을 알아준 것은 고객들이었다.

그렇게 되돌아보니 가게를 운영했다기보단 내 인생을 경영하고 있는 또 다른 내가 있었다. 시장이 부추기는 욕심 사나운 질서만을 쫓았다면 발견하지 못했을 가치였다. 어쩌면 아내의 우울증이 떠나면서 남겨 놓은 선물은 아니었을까.

어느새 나는 한국의 부타니즈[17]가 되어 있었다.

---

17 부타니즈(Bhutanese)는 부탄인의 로마자 표기 발음이다.

PART 2

경험칙

최근 배달앱 시장은 급격한 팽창 일로에 들어섰다.

기존의 경험 많은 경영자들이나 초보 창업자들 모두

낯선 환경에서 살아남기 위해 분주하다.

그리고 누구에게나 공평한 동일 선상의 출발이다.

필자의 경험이 전부가 될 순 없지만,

기존 음식점을 배달 영업으로 전환하거나

신규 진입하는 초보자들에겐 충실한 안내서로 자부한다.

리뷰 조작, 정말 많을까?

음식배달앱 리뷰는 인터넷쇼핑몰과 마찬가지로 상품을 구입한 후에 쓸 수 있는 권한이 생긴다. 고객이 지불하는 음식 가격에 리뷰를 쓸 수 있는 권리는 물론 배척의 자유가 포함된다. 이러한 시스템 탓에 리뷰는 거래 대상이 된다. 이미 메뉴 가격에 리뷰로 제공할 서비스가 포함되어 있지만, 리뷰를 써 주는 조건으로 콜라를 한 병 제공한다는 식의 우스꽝스러운 흥정이 이루어진다. 그런 이벤트에 참여하는 고객으로선 자신이 낸 금액에 콜라가 포함됐다는 사실은 망각하고, 자신이 뭔가 얻어먹고 리뷰를 썼기 때문에 배달앱에 공짜 리뷰는 없다고 착각한다.

그래서 많은 이들이 배달앱 식당의 긍정 리뷰 상당수가 소위 말하는 리뷰 작업으로 조작한 것은 아닌가 의심하고 있다. 약간의 자극으로도 대중들의 공감을 끌어낼 수 있는 소재이기에 여러 언론 기사에서 종종 등장하니 일반인들로선 오해하기 십 상이다.

하지만 현업에 종사하며 살펴볼 때 리뷰 조작이 뉴스의 내용만큼 흔하게 벌어지는 것은 아니라고 생각한다. 더구나 리뷰 조작은 최근 들어 엄히 다뤄지는 불법이기 때문에 섣불리 광고할 만한 사업 내용도 아니다. 리뷰 조작을 대행하려는 자는 전과자가 될 것을 감수해야 해 그 대가가 크고, 음식점 경영자 역시 대행업자에게 리뷰 조작을 의뢰하는 순간 막대한 지출은 물론 형사처분 대상으로서 공범이 된다. 이는 음식점을 창업하기 위해 큰 투자를 결심했던 마음가짐보다 더 큰 결단이 서야 가능한 일이다.

차라리 리뷰 조작을 의뢰할 양이면 같은 금액으로 서비스를 탄탄하게 구성하는 것이 확실한 효과로 이어진다. 과연 몇 명의 업주가 막대한 금액을 투자한 사업을 한순간에 위기로 몰아넣을 수 있는 리뷰 조작을 의뢰할 수 있을지 의문이다. 한편으론 바쁘고 인력이 부족한 업소들을 대신해 고객의 리뷰에 답글을 대행하는 업체가 리뷰 조작을 하는 것으로 오해되는 측면도 있어 보인다.

다만 최소주문금액을 낮게 책정한 업체에서 리뷰의 방향성

라이더 없는 배달음식점을 창업했습니다

을 조정하기 위해 자기 주문을 활용하는 사례는 있는 것으로 안다. 인터넷 게시판은 전염성을 가지고 있어서 낮은 최소주문금액에 맞춰진 리뷰들이 올라오기 시작하면, 전체적으로 객단가가 낮아지거나 가격대가 높은 음식을 주문하는 고객들이 줄어들게 된다. 이럴 때 속칭 물 관리 차원에서 최소주문금액의 서너 배에 달하는 자기 주문으로 멋진 사진 리뷰와 답글 작업을 한다. 몇 차례 작업으로 방향성이 잡히면 자연적으로 낮은 최소주문금액대 리뷰들은 올라오지 않게 된다. 방향성 유도 말고도 새로운 메뉴 등이 올라갔을 때 고객들에게 메뉴의 내용과 맛을 홍보하기 위한 수단으로도 활용되는데, 이는 내부자에 의한 바이럴마케팅[18]의 한 분야다.

그 외 신규 진입한 업소에서 주문 수 증가를 목적으로 최소주문금액을 낮게 설정하는 사례도 있는 것으로 알려져 있다. 소비자들은 가게의 신인도 평가에서 주문 수가 많은 업체를 우선하는 경향이 짙기 때문이다. 낮은 최소주문금액은 고객 유입에도 도움이 되지만, 자기 주문에 의한 주문 수 증가도 쉽기 때문이다. 일종의 브러싱스캠[19]에서 저가 상품 역할이다.

최근 배달의민족 측 자체 조사에 따르면 일부 업소들에서 리

---

18 바이럴마케팅(viral marketing)은 인터넷 게시판 등에서 이용자들의 자발적 연쇄반응을 유도하는 마케팅 형식을 말한다.
19 브러싱스캠(brushing scam)은 주문되지 않은 저가의 상품을 무작위로 발송해 온라인 쇼핑몰에서 매출 순위를 올리는 마케팅 기법이다.

뷰 조작을 하는 것으로 드러났고, 관련된 리뷰 대행 업체는 고발 조치됐다는 소식도 들린다. 정확한 범법 사실 여부는 법원의 판단을 기다려 봐야겠지만 안타까운 현실임에는 분명하다.

필자의 지난 3년 경험으로 비춰 볼 때, 음식의 맛과 질에 신경 쓰는 것이 훨씬 더 현명하고 건강한 경영이다. 가게를 잠시 운영하다 접을 생각이면 몰라도, 과도한 리뷰 몰입은 사람의 인성을 바꿀 정도로 심각한 문제를 일으킬 수 있다. 자기 주문에 의한 리뷰 작업을 꼭 하고 싶다면 시장에 돗자리 펴는 수준만큼만 생각하는 게 좋다. 개업 초기 자기 업소 홍보를 위해 몇 개의 다소 속 보이는 리뷰를 썼다고 비난하는 고객은 없다.

악평은 또 다른 기회

극히 드문 사례지만 알 수 없는 이유로 악평을 작정한 주문이 발생한다. 필자의 식당 기준으론 3년 동안 약 4~5개의 이유를 파악하기 힘든 악평이 있었다. 기껏해야 음식이 맛없거나 양이 적거나 기타 서비스에서 발생한 사소한 문제가 전부일 텐데, 그렇게 큰 악감정을 가진다는 게 언뜻 이해되지 않는다.

한번은 이런 배달이 있었다. 주소지를 방문해 보니 빈집 느낌이 물씬 풍기는 곳이었다. 남자로 보이는 손이 문을 조금만 열

라이더 없는 배달음식점을 창업했습니다

더니 건네준 음식을 세로로 세워 들이곤 문을 닫았다. 음식을 세로로 세워 들여갈 때 이미 눈치를 챘지만 어쩔 수 없는 일이다. 배달 차량이 가게에 돌아오기도 전에 이미 악평이 달렸다. 어차피 도시락을 옆으로 세워 들여갔으니 개봉했을 땐 음식도 뒤죽박죽이다. 맛있는 밥을 먹기 위해 주문한 고객은 결코 아니었다.

비슷한 사례로 배달 주소지의 건물을 방문해 초인종을 누르려는 찰나, 아래층에서 급히 쫓아 올라온 남녀가 다급하게 초인종 누르지 말라고 하면서 그거 자기가 시킨 거니 그냥 주고 가면 된다고 했던 배달이 있었다. 미심쩍지만 음식을 주고 내려와 이게 옳은 일인지 생각하는데, 그 남녀가 음식을 들고 내려와선 주차장에 있는 차를 타고 다른 곳으로 가는 게 아닌가. 그러곤 필자가 채 가게에 도착하기도 전에 여지없이 악평이 달렸다.

가장 빠른 악평은 배달 후 2~3분 만에 달린 경우다. 건물의 계단을 내려와 배달 차량에 올라타니 그새 장문의 악평이 달렸다. 이렇게 작정한 악평인 경우는 대부분 배달 후 곧바로 달린다. 정말 음식에 문제가 있어 달리는 저평가 리뷰는 통계로 볼때, 이렇게 빨리 달리지 않고 평가에서도 별 1개는 거의 없다. 통상의 고객들이라면 좋지 않은 리뷰에도 스스로 망설이기 때문이다.

그런데 악평을 기획한 경우엔 숨을 고를 필요가 없다. 이미 리뷰에 써야 할 말을 다 준비해 둔 상태였기 때문이다. 답답한 것은 누가 무슨 목적으로 고의적인 악평을 생성하는가의 문제다. 그런데 정말 아쉽지만, 당사자를 짐작했어도 이런 악평엔 어떤 대책도 세울 수 없다. 실제 주문을 하고 낸 평가의 형식이기 때문에 법률적으로도 어쩔 수 없지만 유일한 해결책이 하나 있다.

바로 단골고객들의 응수다. 비록 악평에 이어진 별점 테러로 일시적인 점수는 하락해도 단골고객들의 응원과 격려가 뒤이어 이어지기 때문에, 당일은 매출이 하락해도 곧 손실분을 넘게 복구된다. 그런 악평이 달린 뒤 주문의 요청 사항엔 아래의 문구가 적혀 있는 사례가 빈번하다.

"사장님, 힘내세요!"

음식을 정성스럽게 만드는 식당이라면 리뷰 게시판에 아무리 교묘한 악평이 달려도 단골고객들은 눈곱만큼도 믿지 않는다. 이미 수십 번은 주문해서 먹어 본 경험자들이기 때문이다. 결과적으로 악평을 이겨 내는 방법은 맛이다. 맛집이기 때문에 기획 악평이 달리고, 맛집이기 때문에 그걸 이겨 내게 된다. 오히려 이런 악평으로 인해 더 탄탄한 고객층이 형성되는 측면도 있다.

맛없는 식당의 저평가 리뷰는 누가 보더라도 의도한 악평이 아님을 알 수 있다. 그렇지만 기획 악평은 대체로 그 기획자의 본성을 숨기기 어려워 일정 부분 표가 나게 마련이다. 최근엔 평가 내용 없이 별점만 테러하는 사례도 증가하고 있다.

가게의 실수로 인한 별점 하락

대부분의 저평가 리뷰는 가게의 실수를 용납하지 않아 별점을 빼는 것에서 발생한다. 우리 식당에서 있었던 가장 큰 실수는 배달된 제육볶음 속에서 위생 페이퍼타올이 나온 사건이다. 그날 반입된 돼지고기에 어찌나 기름이 많은지 페이퍼타올로 기름을 걷어 내면서 돼지고기를 볶았는데, 그만 깜빡하고 그 페이퍼타올이 제육볶음 속에 들어 있는 채로 배달된 아찔한 사건이었다.

잘하려는 과정에서 생긴 실수지만 고객으로선 참기 힘든 불쾌함일 것이다. 엎친 데 덮친다고 하필 우리 고객 중 입맛이 가장 까다로운 댁 배달에서 벌어진 일이다. 그 고객의 첫 리뷰가 우리 식당이었는데, 그 고객의 별점 1개도 우리 식당이 처음이었다. 단골이었음을 떠나 어떻게든 실수를 만회하고 싶었지만, 고객이 환불을 요구하고 더는 주문이 없으니 찾아갈 수도 없고 그냥 죄송하고 안타깝기만 할 뿐이다.

다른 사례도 있다. 배달 용기가 음식의 잔열에 우그러졌다는 이유로 별을 1개 뺀 사례다. 우리도 그 내용을 알고 있었지만, 오히려 방금 만든 반찬을 제공한다는 점이 증명된다는 어쭙잖은 자부심이 앞섰다. 하지만 고객의 생각은 달랐다. 그렇다고 그 고객이 악의적인 마음을 가지고 별을 뺀 것은 결코 아니었다. 덕분에 그 이후로 음식 잔열에 신경 쓰는 계기가 됐음은 물론이다.

초인종 대신 노크를 부탁하는 주문과 노크 말고 초인종을 눌러 달라는 부탁이 동시에 같은 건물에서 주문된 일도 있었다. 용케 실수하지 않는 때도 있지만 때로는 내용을 바꿔서 적용하는 실수도 있다. 그런데 고객은 업주나 배달원의 사정을 알 수 없고, 뭔가 사연 있어 그런 요청을 한 것이니 당연히 문제가 된다.

음식을 바꿔서 보내거나 일부를 누락시키는 실수도 종종 발생한다. 한 번 음식이 뒤바뀌면 보통 2시간 정도 지나야 정상적인 운용이 가능해지므로 매출에서 손실도 크다. 여름철 벌레도 피해 가기 어려운 실수에 들어 있고, 올해처럼 장마가 길면 유통되는 야채 품질도 너무 나쁘다. 고객들이 대부분 이해해 주긴 하지만, 품질에 문제가 있을 땐 아예 해당 메뉴를 중지시키는 게 현명하다.

라이더 없는 배달음식점을 창업했습니다

운수 없는 날의 별점 하락

가게의 실수로 보기도 어렵고 고객의 실수라고 하기에도 곤란한 내용이 있는데, 가게의 입장에선 억울함이나 손해로 남는 사례가 있다.

호실을 기재하지 않고 건물 앞에서 전화를 달라는 요청 사항으로 주문하는 고객이 있는데, 막상 방문하면 전화를 받지 않는 경우도 있다. 그 앞에서 한참을 기다려 시간을 허비하고 만나서 결제라 손해는 이중 삼중으로 커지는데 달리 대책이 없다. 고객이 주문을 잊었을 수도 있지만, 위급 상황으로 구급차를 타고 가는 상황일지도 모른다.

한번은 주소지 2층 현관 앞에 두고 가라는 요청 사항이 담긴 배달이었는데, 가 보니 애매한 구조의 다세대 주택이었다. 1층이 2층 같고 2층이 1층 같은 집이라고 해야 할 것 같은데, 외부인으로선 빠른 판단이 쉽지 않아 전화했더니, 육두문자가 들리면서 젊은 여성이 나온다. 겨우 그 일로 씩씩대면서 욕이 가능하다는 것도 희한한 일인데, 별점마저도 가혹했다.

이런 일도 있었다. "공동현관에서 호출하면 문을 열어 드립니다. 올라오신 후 현관문 초인종은 누르지 마시고 그냥 놓고 가주세요."라는 자세한 요청 사항이다. 그런데 건물에 도착해 보니 공동현관문이 고장인지 이미 개방되어 있다. 공동현관 옆에 키

패드를 눌러도 아무 반응이 없어 그냥 올라가 현관문 앞에 놓고 문 앞에 밥 도착했다는 문자를 보냈더니, 뜻밖의 답신이 왔다.

"그냥 요청 사항에 적힌 대로 하시면 되는데…."

특히 억울한 것은 음식의 내용과는 하등 연관이 없는 일로 발생한 낮은 별점이 식당 평가에 반영되는 부분이다. 터무니없이 억울한 내용이지만 달리 방법이 없다. 그냥 운수 없는 날이다.

고객의 오해에 의한 별점 하락

어느 때인가 콩나물비빔밥이 아닌 콩나물밥을 메뉴에 올린 적이 있었다. 처음엔 양념장을 갓 만들어 보내는 것이니 한꺼번에 비비지 말고 한두 입 먹을 만큼씩만 비벼 가며 먹으면 좋다는 내용을 메뉴 설명에 기록했다. 그런데 며칠 후 생각해 보니, 고객들을 콩나물비빔밥과 콩나물밥도 구별하지 못하는 사람으로 취급하는 것 같아 그 설명을 삭제했다.

그 설명이 삭제되고 이틀 후 콩나물밥을 주문한 고객이 낮은 별점의 리뷰를 올렸는데 사진을 보니 아연실색이다. 콩나물밥을 콩나물비빔밥인 양 간장 양념장을 한꺼번에 넣고 비빈 사진이었다. 기껏 갓 만든 양념장에 진짜 들기름까지 넣어 별도 용기에 보냈는데, 그걸 한꺼번에 뜨거운 밥에 비빌 줄이야 짐작이나 했겠는가 말이다. 신선한 양념장의 효과를 날린 맛없는 콩나물밥을 주 메뉴로 먹으니, 같이 주문한 다른 음식들도 맛있게 먹기는 어렵다.

나물밥 먹는 방법을 모르는 고객의 낮은 별점 평가에 어떻게 대응할 방법이 없고, 다른 고객들도 같은 실수를 할 수 있겠다 싶어 아예 콩나물밥을 메뉴에서 뺐다. 영문을 모르는 일부 고객들은 자기가 좋아하던 메뉴가 없어졌다고 서운함을 리뷰에 남기니 업주로서 참 애달픈 사건으로 기억된다.

그렇지만 악평 한 개로 인한 평가 하락을 복구하는 데는 5점 리뷰 수십 개가 필요하니 업주로선 그냥 웃어넘길 수 있는 문제가 아니다. 이렇게 배달앱의 시스템적 한계가 우리 사회 전반의 올바른 음식문화에선 뺄셈만을 유도하는 측면도 발견되고 있다. 약점이 잡힐 가능성 있는 메뉴와 반찬들을 모조리 없애야 효율적인 배달앱 운용이 되는 안타까운 현실이다.

과도한 칭찬 리뷰로 인한 신인도 하락

기획 악평에 따른 씁쓸함에 버금가는 리뷰가 극찬 리뷰다. 한 개의 칭찬 리뷰도 아쉬운 식당들로선 공감하기 어려운 말로 들리겠지만, 과도한 칭찬은 심각한 결과로 이어진다.

주방장인 아내는 정말 정성스럽게 음식을 만든다. 몇몇 메뉴와 반찬들에선 가히 대한민국 최고 수준이라 생각된다. 특히 말린 가지볶음과 김치찜, 고추장찌개 등은 천하일미다. 그래서인지 고객 중엔 배달 범위를 벗어난 곳으로 이사하고도 여전히 포장주문을 오기도 하고, 지하철 역사 앞에서 만나 도시락을 전달하기도 한다. 어떤 고객은 멀리 부산으로 이사했어도 가끔 서울에 왔을 땐 꼭 주문을 낸다. 식당 주인으로서 참 행복한 순간이다.

또한, 많은 고객이 이사 갈 때 그냥 가는 경우가 드물다. 마지막 주문을 하곤 그동안 맛있게 잘 먹었다는 인사말을 남기고 간다. 한번은 이사하게 된 고객이 우리 식당의 음식에 대해 식재료부터 시작된 자세한 기술과 칭찬으로 매우 긴 감동의 글을 며칠 연속으로 남겼다. 주문해 먹은 음식으로 우리의 조리 방법은 물론 그 식재료를 손질하는 기법까지 다 파악할 정도로 음식 관련 지식이 남다른 수준이었다. 그런데 호사다마라는 속담을 확인하듯 다음 날부터 연속으로 별 4개 별 3개 리뷰가 달리는데, 기실 따져 보면 딱히 배달된 음식에서 문제 삼을 만한 내용은 없었다.

오히려 단골고객의 칭찬 글로 인한 책임감에 더 신경을 쓰는 편이기 때문에, 이사 간 고객이 마지막 주문했던 음식보다 그 다음에 만들어진 음식이 더 좋으면 좋았지 나쁘지 않았다. 억

울하지만 작용·반작용의 원리가 아닐까 위안하는 게 전부다.

장미 가시에 찔리다

또 다른 예가 있는데 이건 치명적이었다. 이 고객은 우리 음식을 먹고 배달의민족 주문 최초로 리뷰를 썼는데 감사 표시가 담긴 장문의 글이었다. 이후로도 두 번 세 번 계속 이어졌는데 리뷰를 쓴 것은 우리 식당뿐이다. 내용은 누가 봐도 자작으로 오해할 만큼 식당 친화적인 극찬의 내용이다. 그런데 리뷰 이벤트를 한 번도 하지 않은 탓도 있겠지만, 우리 식당 손님들 약 80%가 단 한 번의 리뷰만 남겼거나 아예 리뷰가 없다. 가장 오래된 손님 두 분은 3년 동안 주문한 고객인데, 아직 한 번의 리뷰도 없다.

음식은 말로써 만들어지는 것이 아니라 재료와 실력 그리고 정성으로 만들어지기 때문에, 단골고객과 주인 사이엔 이미 맛으로 충분한 교감이 이뤄져 있다. 그런 식당인데 마치 주인네가 쓴 것 같은 어감의 극찬 리뷰가 달리니, 단골고객들 눈엔 참 어처구니없고 생뚱맞은 광경이 아닐 수 없다.

그 고객이 극찬의 리뷰를 올린 어느 날엔 그날 매출이 3분의 1토막 난 때도 있었다. 오히려 악평이 달리면 단골고객들이 더 많은 격려를 보내는 것에 비하면 큰 차이를 보여 준다. 하지만 그 고객은 진심을 말했고 자기의 진심이 다른 이들에게도 읽혀 우리 가게에 도움이 된다고 생각했음이 분명하다. 그 고객의 집에 배달 가면 어떤 날은 문 앞에 선물과 예쁜 메모가 놓여 있기도 할 정도로 열렬하고 순진한 고객이다.

그렇지만 장미 가시엔 독이 있다고 했던가. 죽지는 않지만 찔리면 아픈 가시를 지닌 극찬 리뷰는 감당하기 힘들다. 내용을 전혀 모르는 고객들로선 주인이 자작 리뷰 쓰고 거기에 또 답글로 화답한 것으로 보일 테니 얼마나 한심해 보이겠는가. 그 고객께서 이 책을 한 번 볼 수 있기를 기원한다.

배달음식 가격 살펴보기

매장영업도 그렇지만 배달영업은 특히 가격과 관련한 눈썰미를 키워야 한다. 메뉴판을 변경하는 데 비용이 드는 것도 아니고, 매장 벽에 붙어 있는 가격표에 표시가 나게 수정하는 것도 아니므로, 배달앱을 이용하는 업체들의 음식 가격은 아침과 저녁이 다른 경우도 있다.

메뉴 가격뿐 아니라 최소주문금액과 배달팁도 수시로 바뀐다. 거기에 리뷰 이벤트의 영향도 크기 때문에, 떡볶이처럼 단일 메뉴를 취급하는 업소들은 경쟁업체의 리뷰 이벤트와 가격을 매일 파악해야 한다.

라이더 없는 배달음식점을 창업했습니다

그런데 배달앱 영업에선 특별한 개념으로 접근해야 하는 가격 기준이 있다. 이는 리뷰의 내용에도 관련된 부분이기 때문에 중요하다. 주문 금액이 9,000~14,000원대 리뷰, 15,000~20,000원대 리뷰, 21,000~26,000원대 리뷰 고객층이 서로 다르다.

메뉴의 가격대를 어떻게 하느냐에 따라 똑같은 음식에서도 서로 다른 고객층이 형성되고 리뷰의 온도도 달라진다. 처음 시작할 때 이 부분을 세밀히 검토해야 한다. 자칫 똑같은 메뉴를 내면서 선발업체와 균형을 맞추지 않는다면 가격 정책의 실패로 어려움을 겪을 수도 있다.

배달은 아니지만 책정된 가격의 문제로 심각한 실제 사례가 있어 하나 소개한다. 경기 북부[20] 재래시장 상권에 3,900원 칼국수 식당 하나가 3년째 운영 중인데 가격이 저렴하고 시장통이다 보니 줄은 서지 않아도 손님은 끊기지 않았다. 그런데 올해 그 가게 옆 건물에 또 다른 칼국수 식당이 5,800원 가격으로 개업하고 현재 두 집 모두 장사가 어렵다.

여러 가지 이유가 있을 수 있지만 필자가 살피기엔 전면에 노출된 가격이 원인이다. 가게가 바로 이웃해 있어 3,900원 칼국수를 먹으러 들어가자니 자신의 형편이 노출되고, 5,800원 칼

---

20 현재 운영 중인 식당들 얘기라 정확한 장소를 얘기할 수 없다.

국수를 먹으러 들어가자니 이번엔 억울한 느낌이 드는 것이다. 하필 횡단보도 앞이라 가게가 하나였을 때와는 사뭇 다르게 가격이 강조된 탓이다.

지난 3년의 경험으로 분석해 보면 9,000~14,000원대 고객들은 음식의 양과 이벤트 내용에 더 큰 반응을 보이고, 15,000~20,000원대 고객들은 가게의 영업 방침이나 메뉴의 내용에 관심이 크며, 21,000~26,000원대 고객들은 음식의 맛과 질에 절대적인 지지를 보낸다. 물론 획일적이지는 않다. 이렇게 주문 가격대에 따른 고객의 성향 구분도 있지만, 거주지나 연령대에 따른 구분도 있다. 예를 들어 40대의 중산층이 많은 뉴타운 아파트단지라면 21,000~26,000원대 고객이 주류를 이루지만, 배달음식 전체 주문 수량에선 원룸 오피스텔 밀집촌보다 월등히 적다.

이들은 매달 납부해야 할 주택 원리금과 이자가 혹처럼 붙어 있어 배달외식소비 활동 지수가 현저히 낮을 수밖에 없다. 뉴타운 아파트 거주자들은 원리금 균등 상황부 2억 원 대출을 받았을 경우 대출금리 3.5%로 20년 동안 매달 약 1,400,000원 정도를 상환해야 한다.

학교 다니는 자녀를 1명으로 가정할 때 아이 1명당 70만 원 정도가 지출된다고 보면, 다른 건 모른 척해도 이 금액만 월 합산

2,100,000원의 고정 지출을 가진 벨트경제권[21]에 갇힌 주민들이다. 게다가 소유한 아파트는 거실과 방, 부엌 등이 정확히 분리된 구조여서 모든 공간에 가구류를 채워 넣는 비용도 상당하다.

고정 지출 비용과 주거 만족을 위한 소비 활동에서 비중이 높아 배달음식 구매력은 상대적으로 약할 수밖에 없지만, 주문 금액대는 음식의 맛과 질을 따지는 21,000~26,000원대에 몰려 있다. 이런 곳을 대상으로 배달음식 사업을 하려면 맛과 질에서 균일성을 갖춘 치킨이나 피자가 가장 적합한 품목이 된다.

이런 품목은 이미 사회적으로 공인되다시피 알려진 가격대가 형성되어 있고, 치킨·피자의 주 소비층인 학생 자녀를 둔 가정들에선 자신들의 생활비에서 치킨·피자 구매 금액을 따로 뽑아 놓고 있다는 점도 중요한 사항이 된다. 더구나 치킨·피자는 40대 연령층에도 호감도가 큰 외식 품목이다.

이렇게 주거 형태나 나이, 메뉴의 내용에 따라 배달음식 가격의 상관관계가 형성되기 때문에, 창업자는 자신이 취급하려는 메뉴의 특성을 깊이 연구해야 한다. 홀 영업은 제시된 조건을 보고 고객이 찾아오는 영업이지만, 배달영업은 고객이 원하는 조건을 제시하고 찾아가는 영업이다.

---

21 벨트경제권은 필자가 창안한 용어다. 뉴타운 아파트처럼 특정 연령대의 인구가 동일한 조건의 경제적 구획에 밀집해 묶여 있는 상황을 빗댄 표현이다. 이런 경향은 분양오피스텔에서도 지역에 따라 각기 다른 형태로 나타나고 있다.

지역 내 상가정보지 살펴보기

시장조사에 여러 가지 방법이 있지만, 배달영업을 시작하려는 사람은 해당 지역의 상가정보지를 분석하는 것도 효과적인 접근이다. 뉴타운 지역의 상가정보지를 보면 어느 땐 전체 광고의 90%가 치킨·피자로 구성되어 있다.

뉴타운은 앞에서 말했던 전형적인 40대 중산층이 주요 소비층인 지역이다. 간혹 들어선 지 몇 달 지나지 않아 문 닫는 음식점들도 보이는데 대부분 시장 분석을 무시한 탓이다. 아이템을 가지고 진입해야 하는 곳은 핵심 상업지여야 하고, 주거지 중심인 곳에선 아이템도 중요하지만 시장 분석이 훨씬 더 중요한 측면이 있다.

최소한 상가정보지만이라도 분석하는 성의가 있었다면 망하진 않는다. 이 지역의 상가정보지에 소개된 음식점의 다수가 치킨과 피자라면 그걸 해야 한다. 흔히 할 게 없다 보니 치킨·피자집을 한다는 기사가 등장하는데, 그건 해당 언론사가 상상력 공작소이기 때문에 만들어진 기사다.

우리 식당 배달 중에 이런 사례가 있다. 주문 내용을 보면 김치찌개, 김치찜, 김치제육볶음, 김치볶음밥, 배추김치 등으로 대부분이 김치를 베이스로 한다. 이 손님에게 서비스가 나갈 땐 역시 김치부침개를 내보내는 게 맞는 판단이다. 김치를 많이 선택했으니까 부추깻잎전을 서비스로 보내는 것은 절반의 확률로 만족을 주지만, 김치부침개를 보내는 것은 100%의 만족을 안겨 주기 때문이다.

그 손님은 김치가 들어간 모든 것을 좋아한다는 간단한 내용을 내 나름의 합리적 판단을 도입해 바꿀 필요가 없다. 그 지역 상가정보지에 찜닭집이 다른 곳에 비교해 많다면 거기선 찜닭집을 했을 때 최소한 망하지 않는다는 답안지를 손에 쥔 것이나 마찬가지다.

지역 상가정보지의 또 다른 장점은 해당 지역의 음식 가격대를 쉽게 파악할 수 있다는 점이다. 각 업소의 주력 메뉴를 살피고 그 음식의 가격대를 파악해야 내가 선택한 메뉴를 어떻게 적용할지 판단이 쉽다. 또한, 쿠폰 설정 금액과 서비스 내용도 판매금액 대 원가 비율로 자세히 살펴야 한다. 기존의 1만 원 음식을 쪼개 8천 원 본품과 2천 원 서비스로 개수를 늘린 것인지, 1만 원 음식에 별도로 2천 원 상당의 서비스를 추가한 것인지 명확히 살펴야 한다.

차별화된 가격으로 지역별 구분된 매장을 운영하는 이랜드그룹의 애슐리에 가 보면, 가장 흔하게 먹는 치킨과 피자인데도 주방에서 나오자마자 가장 빨리 접시가 비워지는 품목이기도 하다. 거기에 더해 애슐리에선 방문 고객들에게 그 치킨과 피자를 별도로 포장판매 한다.

'집에서도 드셨고 여기서도 많이 드셨지만 가실 때 포장해서 또 드세요'라고 속삭이는 소리가 달콤하게 들려온다. 그만큼 치킨·피자를 좋아하는 사람들에게 다른 메뉴를 제안하려면, 자신이 그 분야 전문가였을 때로 한정하는 게 좋다.

이렇게 지역 상가정보지 등을 통해 정보를 얻었으면 그 정보를 현명하게 사용하는 용기도 필요하다. 사업에선 '할계 언용우도(割鷄 焉用牛刀)'[22]의 어리석음도 경계해야 하지만, 식당 운영자로서 취급할 메뉴를 고를 땐 '할우 언용계도(割牛 焉用鷄刀)'의 오판을 더 경계해야 한다. 즉 대상에 맞는 연장을 사용하는 게 배달영업에서 중요한 일보가 된다.

내가 할 수 있는 메뉴인가

치킨이나 피자만큼 주인의 일손을 덜어 주면서 가격대가 양호한 배달업은 아직 없다. 프랜차이즈인 경우엔 아예 시장에 갈 필요조차 없다. 대부분 식자재가 본사에서 배송되기 때문에

---

22 **割鷄 焉用牛刀**(할계 언용우도): 공자의 제자 자유(子由)가 노나라의 무성(武城)이라는 작은 읍성을 매우 슬기롭게 다스리는 것을 보고, 그 제자의 출중함이 이렇게 작은 읍성 하나만을 위해 사용되는 것을 안타깝게 여긴 공자가 했던 말이다. '닭 잡는 데 소 잡는 칼이 사용되고 있다'라는 뜻으로, 후세 사람들이 어떤 일을 함에 있어 작은 내용을 처리하는 데 지나치게 큰 수단을 쓸 필요가 없다는 비유로 사용하고 있다. 그러나 초보의 음식 장사에선 이걸 거꾸로 읽어야 할 필요가 있다.

라이더 없는 배달음식점을 창업했습니다

업주가 따로 장을 봐야 할 일이 없기 때문이다. 다만 식재료와 포장재들을 배달해 주고 홍보를 대행해 주며 음식 제조 기술을 전수받는 대가로, 본사의 주주와 직원들의 생계를 나의 매출이 책임져 준다는 점에서 때로는 박한 이윤을 감수해야 한다.

음식의 맛에 자신이 있어 프랜차이즈가 아닌 자기 아이템으로 자영 식당을 준비하는 사람은 이윤이 큰 대신에 이 모든 걸 스스로 해야 한다. 식당을 해 보지 않은 사람들은 이해하기 어려울 수도 있겠지만, 매일매일 필요한 식자재를 직접 구매하기 위해 들이는 시간의 경제는 상당히 힘든 과제다.

간혹 전문 식자재 판매장을 방문해 보면 주방에서 착용하는 조리사 복장에 앞치마는 물론 조리용 모자까지 착용한 채로 쇼핑을 즐기는 사람들을 볼 수 있는데, 이제 갓 장사를 시작했다는 초보 증명서다. 음식점 한 달만 해 보면 불가능한 그림이란 걸 곧 알게 된다.

정말 바쁜 식당은 배달 오는 식자재상에서 바른 재료를 제시간에 가져다주는 것만으로도 얼마나 고마운지 모른다. 배달영업은 특히 더 그렇다. 소수정예이거나 나 홀로 운영하는 식당도 있기 때문이다. 그래서 메뉴 선택이 중요하다.

최소한의 시간을 투자하여 내 앞에 충분하고 적합한 식재료가 놓일 수 있는 여건을 마련했다면, 장사의 30%는 성공인 셈이다.

새벽에 일어나 장을 보고 그렇게 가져온 식재료를 다듬어 겨우 장사 준비를 마치면 주문이 밀려들고 그렇게 한두 달은 가능하지만, 1년 혹은 2년 임차계약을 맺은 세입자 사장으로선 버티기 힘든 일상이다. 특히 식당일을 처음 해 보는 사람일수록 체력이 다해 장사를 이어 가지 못하는 일이 의외로 다반사다.

장사가 되는 식당의 주방은 극한 직업의 현장이다. 온통 수증기가 뿜어지고 수증기에 더해진 유증기는 끈적한 웨이브의 무대를 마친 것처럼 질척하다. 바닥은 미끄럽고 순간만 게을러도 쓰레기통이 된다. 잠시 숨을 돌리려 바깥을 나오면 온몸에선 양념 냄새가 코를 찌를 듯이 진동한다. 그리고 온종일 축축한 의복에 두 다리는 불 앞에 서 있어야 하는데, 고객에게 배달되는 용기엔 지문 자국도 남기지 않고 포장돼야 한다.

그래서 더욱 메뉴를 잘 선택하고 내 노력이 보상되는 가격을 책정해야 한다. 내가 이 메뉴를 1년, 2년, 3년 계속해서 만들어 낼 수 있는지 자신에게 되물어 봐야 한다. 필자의 경우엔 생각하지 못했던 돈가스에서의 유증기 문제로 가게를 옮기니, 1년 동안 번 돈이 고스란히 사라졌고 결국 돈가스는 다시 하지도 못했다. 계약 기간이라는 의미 속엔 그 기간 동안 내가 본전을 뽑고 돈을 번다는 가정이 포함되어 있고, 그 책임은 결국 자신에게 귀속된다.

라이더 없는 배달음식점을 창업했습니다

요청 사항: 김치부침개 좀 크게 만들어 주세요

매장영업과 배달영업의 차이점이 많지만 두 가지에서 특히 대비된다. 리뷰와 요청 사항이 그것이다. 이 요청 사항을 잘 활용하면 매출이 오르나, 실수하면 본전도 못 찾는다.

요청 사항을 제대로 보질 못해 리뷰의 평가 항목에서 별이 빠지는 일이 허다한데 속상한 일이 아닐 수 없다. 그런데 차라리 깜박한 것은 스스로 자책이라도 가능하지만 때로는 어쩔 수 없는 내용도 있다. "사장님 김치부침개 조금만 더 크게 해 주시면 안 될까요ㅠㅠ"라는 요청 사항은 아직도 잊지 못한다.

매체에 등장하는 유명 음식 프로그램을 보면 정말 시원시원하게 잘 빠진 주방을 보여 준다. 요리별로 구분된 동선은 물론 최신 주방 설비와 멋진 디자인의 세련된 주방 기물들까지 모든 게 한눈에 들어오도록 정리가 잘되어 있다. 그런데 우리네 소규모 자영업자들이 주방을 그렇게 만들려면 조금 과장해 집을 팔아야 한다. 실제에서 대부분 주방은 열악한 환경이다. 겨우 자신이 취급하는 메뉴를 간신히 만들어 낼 수 있는 정도의 규모를 갖추고 운영된다.

우리 식당에서 판매하는 부침개는 주방장인 아내의 솜씨가 좋아 3년 동안 1만 장 넘게 팔렸는데 지름 20센티 크기다. 김치전을 조금만 더 크게 해 달라는 것은 고객의 관점에서 정말 사소한 부탁이다. 그것도 이미 먹어 본 사람이기 때문에 그러한 요청 사항을 남기는 것이니 재주문 고객인 경우다. 그래서 더 힘들다.

주방 설비는 처음 장사를 계획할 당시의 메뉴에 구성을 맞춰 놓은 상태고 그 안에서 일하는 사람 역시 그 구성에 맞춰 숙달된 상태다. 부침개를 만들 화구와 프라이팬 또한 정해진 규격이 있는데, 기존 것과 다른 큰 부침개를 만들려면 더 큰 프라이팬이 사용되어야 하고 큰 프라이팬으로 인해 인접한 화구는 사용을 못 하게 된다.

한편 지름 20센티 부침개를 만드는 프라이팬은 이미 주방장의 손목 스냅이 더해진 특유의 손놀림이 맛을 더한다. 그런데 이제 더 큰 부침개를 만들기 위해선 훨씬 무거운 프라이팬을 사용하니 주방장의 익숙한 손놀림이 불가능하고, 겨우 부침개한 장 완성을 위해 잠시 초보가 돼야 한다. 거기에 요청된 그 '조금'의 규격도 고객 만족을 위해선 눈높이를 달리 계산해야한다.

어떻게든 요청 사항을 맞춰 만들었는데 전혀 뜻밖의 문제가 생겼다. 그 부침개를 담아야 하는 종이 접시가 맞는 규격으로 준비되어 있지 않았다. 결국, 그 고객의 요청 사항 '안 될까요ㅠㅠ'는 정말 안 된다는 것으로 확인됐지만, 이걸 갑작스럽게 설명하려니 너무 장황해진다. 겨우 부침개 조금만 더 크게 해 달라고 한 것뿐인데.

이제 새롭게 시작하는 독자들이라면 주방을 디자인할 때, 별도의 요청 사항을 수용할 수 있는 여유도 디자인하길 권한다. 필자의 예처럼 '첫 주문 고객의 레시피 변경 요청 사항은 거부'와 같이 정말 안 되는 때도 있겠지만, 배달영업에서 고객의 요청 사항은 100% 수용을 목표로 해야 유리하도록 배달앱이 진화하고 있기 때문이다.

배달앱에선 '맛'만으로 승부가 되지 않는다

처음 홀 영업만 하던 때, 어느 날은 우리 식당 손님의 70%가 현금 결제를 하기도 했다. 우리가 현금 결제를 유도한 적도 없고 결제 수단에 대한 불편한 내용을 써 붙인 적도 없었다. 이렇게 식당에서 손님들이 카드가 아닌 현금을 꺼내는 때는 단 하나 '맛'에서 만족했을 때다. 그런데 배달 전문으로 바꾸니 '맛'만으론 좋은 평점이 쉽지 않았다.

배달의민족 높은 평점은 '맛'뿐 아니라 '양', '가격', '포장', '배달', '깃발', '이벤트' 등등 다른 요소들도 함께 어우러져야 가능하다. 실제로 우리 식당은 배달 전문으로 바꾸고 나서 식자재비가 더 많이 투입되고 있다. 다른 식당과 곧바로 양이 비교되기 때문이다.

포장도 영향을 미친다. 필자가 알고 지내는 어떤 식당은 스티로폼 접시에 반찬들을 담아 내보내다가 이제는 폴리스티렌(polystyrene) 용기를 사용한다. 그 사장님의 철학은 음식이 맛있으면 되는 거고 1회 용기는 한 번 쓰면 버리는 건데 뭐 하러 그런 데 돈을 투자하냐는 실용주의였다.

그런데 어느 날, 새로 지은 오피스텔건물에 배달하러 갔는데 마침 오토바이를 세운 자리가 재활용품 수거통 옆이었다. 우연히 수거통을 들여다보니 버려진 음식물 포장 용기들 모두가 폴리스티렌(polystyrene)과 폴리프로필렌(polypropylene) 일색인 가운데, 자신의 가게에서 배달한 것으로 보이는 싸구려 스티로폼 접시가 그렇게 초라해 보일 수가 없었다고 한숨 섞인 말을 했다.

배달앱에 등록한 순간부터 똑같은 배달에도 더 큰 비용을 감수해야 하는 시스템적 불합리가 존재한다. 요즘은 포장 용기 고급화 정도로는 성이 차지 않아 온갖 종류의 재미있는 문구가 적힌 스티커도 붙이는데, 이 스티커들은 포장 용기의 재활용을 어렵게 하는 주범이면서 비용 상승의 부담으로 연결된다.

리뷰에 있어서도 어떤 고객들은 이벤트 서비스의 유무에 철저하게 분리된 사고를 보여 준다. 이벤트로 뭔가 받았기 때문에 혹은 서비스를 받았기 때문에 리뷰에 참여했다는 말을 공식화한다. 그런 스타일의 고객들은 이벤트가 없는 식당에선 아무리 맛있게 먹거나 푸짐한 음식을 받았어도 결코 리뷰를 남기지 않는다.

리뷰가 없으면 별점도 없을 뿐 아니라 가게도 활성화된 느낌이 없어 고객들의 주문율이 떨어지게 된다. 업주는 1만 원짜리 메뉴를 나눠 8천 원 본품 하나에 리뷰 이벤트라는 명목의 1천 원 음료수, 스티커 등의 마케팅 비용으로 나머지 1천 원을 구성하는 선택을 강요받게 된다.

결국 이런 환경에서의 적응은 음식 가격 상승으로 이어진다. 원래 6천 원인 백반이지만, 배달앱에선 포장비·배달비·마케팅비·배달앱 사용료(수수료)가 추가되고, 업주의 마진은 일부 축소된 9천 원짜리 음식이 만들어지는 구조다.

이처럼 배달앱의 세계에선, 맛은 기본이고 과거엔 불요불급했던 부분들도 일정한 수준만큼 끌어올려져야 좋은 평점에 도달할 수 있다. 그렇지만 그 모든 사항을 전부 충족하는 것은 정말 힘든 일이다. 때에 따라선 위 항목에 포함되지 않은 고객의 성격까지 맞춰야 하기 때문이다.

배달앱 시장이 창업자의 비용을 최소화해 진입을 쉽게 하는 장점이 있지만, 들어오고 난 뒤엔 다른 식당과 비교가 쉬워 전쟁터에 들어왔음을 실감하게 된다. 그리고 영악한 플랫폼사업자는 점점 더 비교가 쉽게 화면을 구성하고 있어 미래의 전쟁터는 더욱 격화될 예정이다.

최소주문금액은 보배 중 보배

배달영업을 하기로 했다면 대표적인 배달앱인 '배달의민족'이 이룬 성공 방정식을 눈여겨보고 분석하는 것도 괜찮다. 그게 시간상으로 어렵다면 배달의민족 시스템이 제시하는 여러 기술적인 내용에서 자신에게 유리한 맞춤 전략을 구성해야 한다.

배달의민족이 성공한 첫 번째 조건은 고객에게 절대적 우위를 준 리뷰 작성이었다. 이 방법은 업주에겐 죽을 맛이지만 고객에겐 신의 방망이를 선물한 것이나 마찬가지다. 만 원 한 장이면 세상 어디에서도 경험할 수 없는 '토르의 별망치'를 사용할 수 있는 특권이 주어지고, 그 마지막은 그걸 만든 자 역시 심판을 받는 결말로 치닫고 있다.

"이런 무경우가 있을까요. 아기가 잠을 자고 있어 노크하랬더니 용감하게 초인종을 누르셨네요? 덕분에 아가가 깨는 바람에 밥을 먹는지 마는지 다 식어 빠지고 참 내 어이가 없네요. 저는 별 1개 선물하죠."

"제가 덜 짜게 해 달라고 했죠? 별 2개 뺍니다."

"주문하고 1시간이 넘었습니다. 돼지를 도살장에 가서 잡아오는 중인가요? 별 1개도 아깝네요."

"무슨 음식이 이렇게 맹탕인가요? 제가 냄비에 넣고 양념 다시 해서 먹었습니다. 음식 기본을 모르시면서 무슨 장사를 한

다고…. 별 1개는 무조건 주게 되어 있네요?"(배달앱에서 수집한 내용 편집)

두 번째는 쿠폰 발급이다. 배달요금을 내는 것 같지만 쿠폰과 이벤트 서비스로 인해 어느 정도 만회된다는 느낌을 얻어, 종국엔 배달요금에 대한 거부감이 사라지는 효과로 이어졌다. 배달요금은 라이더스라는 새로운 직업군의 탄생과 더불어 엄청난 시장 확장은 물론 이제는 사회적 변혁의 주체로까지 작용하고 있다.

세 번째가 이제 다룰 최소주문금액의 도입이다. 위의 두 가지가 업주를 옥죄는 제도라면 최소주문금액은 마법의 지팡이 같은 선물이다. 업주가 정한 일정 금액 이하로는 주문할 수 없는 제도이기 때문에, 최소 마진 혹은 최대 마진을 설정할 기회가 만들어진 것이다.

이 최소주문금액 덕에 숫자를 세기도 벅찰 만큼 많은 프랜차이즈의 공격에도 자영업 음식점이 살아남을 수 있게 됐다. 배달앱이 욕을 먹기도 하지만 만약 배달앱이 탄생하지 않았다면, 지금 길거리의 음식점들 대부분이 프랜차이즈 간판으로 바뀌었다고 봐야 한다. 마치 동네의 골목 슈퍼들 모두가 편의점으로 바뀐 것처럼 말이다.

통계청의 2018년 기준 전체 취업자 중 약 21%가 자영업이고, 자영업 중 가장 높은 비율을 차지하고 있는 게 요식업이다.

	2009	2010	2011	2012	2013	2014	2015	2016	2017	2018
취업자	23,688	24,033	24,527	24,955	25,299	25,897	26,178	26,409	26,725	26,822
자영업자	5,749	5,643	5,657	5,768	5,703	5,720	5,622	5,614	5,682	5,638
비중	24.3	23.5	23.1	23.1	22.5	22.1	21.5	21.3	21.3	21.0

(출처: 통계청 경제활동인구조사, 단위: 천 명)

골목 슈퍼가 편의점화 되듯 자영업 음식점들이 프랜차이즈 간판으로 바뀌면, 자본력 없는 사람들의 창업은 점점 더 어렵거나 하루 15시간의 노동력을 제공하는 '머슴경제'[23]가 가속화된다.

이런 추세에 한술 더 떠 유명 프랜차이즈 대표 한 명은 국회에 나가 일반인들의 준비되지 않은 음식점 창업을 어렵게 해야 한다고까지 직설적으로 외칠 정도였다. 발언의 의도는 음식점 창업으로 망하는 사람들이 많으니 교육 후 창업하도록 하자는 것이지만, 정녕 그 말대로 됐다면 대한민국은 프랜차이즈 천하가 만들어지는 셈이다.

어떻게 보면 위기의 순간에서 배달앱은 구세주가 됐다. 배달

---

23 머슴경제는 필자가 창안한 용어다. 최근 일부 분야에서 자본이 없는 서민들에게 자영업 지위를 주고, 노동력을 착취하는 사업 형태가 급증하고 있어 이를 지칭하는 말이다. 이 형태는 각종 노동 고용 관련 법률에서 사업주가 책임을 지지 않는다.

라이더 없는 배달음식점을 창업했습니다

앱 덕에 신규 진입자들은 초기 자본금 준비에서 과거보다 월등하게 유리한 창업 조건을 가지게 됐고, 자본력을 앞세운 대형 프랜차이즈 업체들과도 얼추 대등한 입장에서 경쟁할 수 있게 됐다.

비록 코로나19로 인해 전체 자영업 증가세가 줄어들고 있지만 배달앱 시장에 특화된 자영업자들은 20~30대를 중심으로 세력을 확장 중이다. 권리금이나 월세가 높은 상업지의 점포들은 문을 닫고 있어도, 몇 년씩 임대되지 않던 골목 안쪽의 깊숙한 점포들은 저렴한 월세를 찾는 배달음식점들에 의해 하나둘 점유되고 있다는 사실이 이를 증명한다.

그 흥행의 요체가 바로 최소주문금액의 존재다. 하나의 예로 파스타를 생각해 보자. 파스타 한 그릇 만드는 데 원가는 자장면과 비슷하지만, 음식의 분위기에 더 높은 가격이 제시되고 있다. 자장면을 소재로 만든 먹방은 저렴한 주제지만, 파스타를 소재로 한 먹방은 다른 것처럼 말이다.

유튜브로 파스타 먹방을 본 사람은 배달앱으로 파스타 전문점을 검색하고 주문을 시도한다. 배달앱을 켜는 순간 최소주문금액은 이미 익숙한 '권유의 강제'일 뿐이다. 고객은 최소주문금액을 맞추기 위해 먹고 싶었던 파스타 한 접시에 필라프도 같이 주문하게 된다. 그래야 배달비가 청구되지 않으니 이익이라고 생각하지만, 업주는 유명 프랜차이즈의 치킨이나 피자를 판매하는 것과 비교할 때 훨씬 높은 마진을 가져갈 수 있다.

그 업주에게 필요한 것은 파스타와 필라프를 맛있게 만드는 비결뿐이고, 나머진 진화하고 있는 배달앱의 제안을 검토하면 된다. 음식을 만드는 외 업주가 신경 써야 할 것은 자신의 메뉴가 변화하는 시장 환경에서 생명이 다하는 때를 재빨리 포착하는 것뿐이다. 배달앱의 세계에서만큼은 나의 합리적인 판단을 일부 미루는 것이 좋은 결과로 이어지기도 한다.

배달앱의 장단점을 모두 가진 깃발 꽂기

우리의 식당이 있는 서울 은평구의 배달앱 등록 업소들을 살펴보면, 드물지만 꽤 오지랖 넓은 식당들을 발견한다. 배달 구역이 무려 은평구 전체다. 그래도 이건 양반이다. 어떤 업체는 주소지가 서대문구에 있는데도 은평구 수색동까지 배달된다고 한다. 말로만 배달하는 게 아니라 리뷰를 살펴보니 정말 배달되고 있다. 더 놀라운 것은 그릇도 일회용이 아닌 회수용이어서 고객들의 리뷰에 이런 말이 남아 있었다.

"지금 일주일은 지난 것 같은데요. 문 앞에 놓인 그릇 언제 가져가시나요?"

같은 업종에 종사하고 있지만 미스터리한 영업이라고 생각되는데, 사연은 곡절하고 그 내용은 배달앱의 얄궂은 특성인 깃발 꽂기로 가능한 상황이라는 점이다. 배달의민족 측 자료에 따르면 한 업체당 평균 3개의 깃발을 꽂는다고 한다. 평균이 그렇다는 것이고 많이 꽂는 업체는 10여 개가 기본이고, 최고로 많이 꽂은 업체는 200개였다고 알려져 있다. 최근엔 이런 폐단을 방지하기 위해 종목별로 배달 가능 거리를 한정해 두고 있지만, 사업자 스스로가 별도의 사업 주소를 생성해 배달 범위를 넓게 적용하는 사례도 있다.

깃발은 욕망에서 비롯된다

초보 사장님들은 어제 내 가게에 왔던 손님이 오늘 건너편 가게로 들어가는 것을 보기만 해도 마음이 편치 않고, 내 가게에서 주문했던 고객이 다른 가게에 맛있다는 리뷰를 달아도 마음이 불편하다. 그것은 아주 고된 마음의 노동이다.

집밥도 매일 먹으면 물려서 외식하는데, 자신이 식당밥을 팔고 있다는 사실은 애써 외면하는 데서 빚어진 오해의 결과다. 오늘 우리 가게에서 점심을 먹은 고객이 내일은 다른 가게로 가기 때문에, 내가 가게를 새로 냈을 때 손님이 찾아오는 기회를 나눠 가질 수 있었다는 것은 쉽게 잊는다. 맛있다고 매일 오는 손님은 곧 주문이 끊겨져도 일주일에 한 번 주문하는 고객은 3년 동안 꾸준히 주문을 낸다. 오늘 온 손님이 내일도 모레도 오도록 연구하는 가게는 커피전문점이거나 주점이지, 음식점이 아니다.

2020년 9월 기준 배달의민족 울트라콜 광고 한 개에 8만8천 원이니, 10개를 꽂으면 88만 원이다. 골목 깊숙한 곳 월세 저렴한 가게를 얻어선 깃발 꽂기로 또 다른 월세를 내는 셈이다. 그렇지만 이제 장사를 막 시작한 음식점은 깃발 꽂기가 확실한 노출 효과로 연결되는 것을 외면할 수 없다. 깃발 꽂기가 많을수록 배달앱 내 카테고리의 첫 화면에 자신의 가게 노출 빈도가 높아지기 때문에 당연 유리한 조건이 된다.

어떤 사람들은 카테고리를 들추지 않고 '맛집 랭킹'이나 '찜' 목록에서 주문하지만, 어떤 사람들은 맛집 랭킹의 순위는 믿을 수 없다고 생각해 일반 카테고리만 클릭한다. 그 외 다수의 이유로 인해 일반 카테고리를 찾는 고객들도 있다.

우리도 맛집 랭킹 카테고리의 존재를, 배달 시작하고 약 1년 후에야 알게 됐다. 처음 배달앱 등록을 도와준 사람도 그런 카테고리가 있다는 말을 한 적도 없고, 첫 화면 한식 카테고리에 속한 우리 가게로서는 맛집 랭킹이란 카테고리가 표시되는 다음 화면으로 엄지손가락을 휘휘 댈 일이 없었다.

배달앱이 공정성을 가지려면 카테고리의 노출 순서도 일정한 간격으로 바꿔 균등한 기회의 환경을 만들어야 하지만, 배달의민족 앱에선 자신들의 이익을 앞세운 'B마트', '배민라이더스'

등을 앞줄에 배치하기 위해 공정한 경쟁을 차단하고 있어 매우 아쉽다.

하지만 깃발로 유인된 고객이 아무리 많아도 배달된 음식이 맛없다면 다 부질없는 짓이다. 깃발은 홍보일 뿐이고 가게 운영은 재주문율에서 판가름 나기 때문이다. 홍보를 확률로 만들면 맛없는 욕망으로 마무리된다. 깃발 꽂기와 관련해 뒤에서 더 자세히 언급하겠다.

맛집 랭킹과 재주문율

한국 1위 배달앱인 배달의민족에서 소비자가 획득한 별점 평가와 리뷰 작성의 권리는 최종적으로 '맛집 랭킹'이라는 사업자 간 경쟁 요소로 작용한다. ㈜우아한형제들에 따르면, 맛집 랭킹은 주문량, 재방문율, 리뷰 숫자, 주문 취소율, 사용자 평점 등의 객관적 자료들을 따져 산출하는 것으로 밝히고 있다. 그런데 여기엔 플랫폼사업자의 재량이 크게 작용하는 것을 부인할 수 없다.

맛집 랭킹의 공정성
예를 들어 주문량이라면, 하루 24시간 운용하는 식당의 100

개 주문과 하루 8시간 운용하는 식당의 100개 주문이 같은 기준이 될 수는 없다. 이 간극을 어떻게 반영할 것인지는 플랫폼사업자의 고유 권한이다.

재방문율도 1명의 10회 방문과 5명의 10회 방문을 어떤 기준으로 평가할지 역시 플랫폼사업자의 재량이다. 리뷰 숫자 또한 재주문율이 높은 동일인의 반복 리뷰를 어떤 비율로 반영할 것인지가 플랫폼사업자의 주관적인 관점에서 결정된다.

우리 식당에는 3년~1년 동안 꾸준한 주문을 내면서도 한 번의 리뷰도 없는 경우가 존재하는데, 이 고객이 우리 가게에 미친 영향에서 리뷰 항목이 마이너스가 된다면 그것도 황당한 셈법이 된다.

주문 취소율도 고객과 식당이 전화 통화 후 취소된 것에 제삼자의 판단이 가능할 수 없다. 식당의 사정과 고객의 사정 사이를 플랫폼사업자가 무슨 기준으로 평가할 수 있다는 건지 상식적으로 불가해한 부분이다.

이처럼 평가 항목에 대해선 분명한 나열이 가능하지만, 그 항목들을 어떻게 적용할지는 철저하게 플랫폼사업자의 재량이고 비밀스러운 부분이다. 마치 미쉐린 가이드의 별점이 비밀주의적인 것처럼 말이다. 다행스러운 것은 필자의 지난 3년 경험으로 볼 때, 맛집 랭킹이 만들어지는 과정에서 평가의 기준이 가진 모호함에도 정해진 기준에서 부정이 개입되는 일은 없다고 생각한다.

필자의 식당이 배달의민족 맛집 랭킹의 1위에 있었다는 사실을 정작 우리만 몰랐었기 때문이다. 많은 가게가 맛집 랭킹 1위를 홍보 수단으로 활용하고 있는 것을 볼 때 참 어이없는 일이지만, 맛집 랭킹 프로세스는 공정하게 관리된다는 사실을 확인하는 계기였다.

하지만 이 맛집 랭킹엔 도저히 공정할 수 없는 모순이 하나있다. 우리 모두는 매체에서의 노출 빈도가 높은 플랫폼의 함정에 빠져 전체를 보는 방법을 잊어버린 눈뜬장님의 세계에 살게 됐기 때문이다. 예를 들어 전체 매출 중 배달앱 매출은 30%에 그치는 사업자도 배달앱 생태계에서의 얄궂은 별점 평가로 악영향을 받을 수 있다는 것은 심각한 문제다.

배달앱에 등록하는 순간, 리뷰와 별점은 업주의 의지와 상관없이 진행된다. 마치 태어나 일정 시간 사육된 후엔 도살되는 가축들의 처지나 다름없다. 채식을 좋아해 사찰음식을 메뉴로 냈더니, 호기심에 이를 처음 먹어 본 소비자가 자기 입에 맞지 않아 남긴 악평이 그 가게 혹은 그 음식의 기준으로 영구히 남는 것은 잘못된 일이다. 필자의 식당에서 콩나물밥이 사라진 것도 같은 이유에서다. 별점과 랭킹의 세계는 모두에게 잔혹한 미래를 예고하고 있다.

재주문율

우리나라 인구 중 배달앱을 이용하는 사람들은 코로나사태로 인한 특수 상황임에도 전체의 25% 수준에 그친다(2020년 8월 기준). 한식을 판매하는 우리 식당을 기준으로 했을 땐 범위 내 전체 가구 수의 약 4%만이 배달음식 주문 고객으로, 95%는 한 번의 만남도 없었다.

그 안에서도 월 1회, 혹은 2회 주문 고객이 있고 매주 1~3회씩 빠짐없이 주문하는 고객도 있다. 또한, 6개월에 1회 주문, 3개월 1회 주문, 2개월에 1회 주문하는 고객도 있다. 우리 식당의 3년 운영 기준, 배달 범위 내 약 37,000가구 수를 찜 숫자 1,300으로 비율계산(결괏값에서 +0.5 가산)한 기준이다.

결국, 한정된 고객의 재주문율이 배달앱에서 매우 중요한 요소가 됨을 확인할 수 있다. 그런데 재주문이 결정되는 것은 음식의 맛, 가격, 양의 세 가지 중 최소 하나가 충족됐을 때고 기왕이면 두 가지 정도는 충족되어야 안정권이다.

아무리 기발한 홍보 수단도 첫 번째 주문 유도에 그칠 뿐이다. 깃발 숫자에 연연하기보단 초반 깃발 꽂기로 유입된 고객들에게 자기 식당의 특성을 분명히 보여 줘 재주문으로 이어지게 하는 연구가 배달앱 사업의 핵심이다.

서울 시내 최고의 중심지 중구 소공동에 있는 롯데백화점의 주차장에 가면 MVG-prestige(초우량고객)급 이상만이 이용하는 전용 주차 공간이 있다. 이들은 연간 구매액 6천만 원~10억 원인 고객들이다. 그들은 대한민국의 가장 비싼 땅에서 시간제한 없는 무료 주차와 전용 라운지 서비스를 제공받는다. 이 땅에서 반백 년 넘게 최고의 판매상으로 활동해 온 롯데백화점에서도 고객의 재주문율을 최고의 가치로 여긴다.

PART 3

배달점포 만들기

배달전문점에서도 점포 입지는
승패를 좌우하는 요소가 된다. 그것은 점포 입지가
배달 범위와 매우 밀접한 관계에 있기 때문이다.
한식을 기준으로 했을 때,
배달 범위는 대략 반경 1.5㎞ 정도를 최대로 봄이 적당하다.
단, 메뉴의 종류에 따라서 가감이 필요하다.
처음 가게를 얻을 때부터 이 점을 염두에 두고
개업 위치를 정해야 한다.

나는 어떤 유형인가

음식 만드는 데 자신 있는 도전자가 있고, 사람을 잘 다루는 도전자도 있고, 앞뒤 재지 않고 일만 하는 도전자도 있다. 이 세 가지 유형 중 나는 어떤 사람인지를 파악하는 게 음식 사업에 있어 우선적인 판단 과제다.

음식 만드는 일에 자신 있는 도전자라면, 먼저 자신이 취급할 메뉴를 선정하고 그에 맞는 점포 입지를 찾는 게 기본이다. 음식 중에서 닭요리에 능하다면 요즘의 닭요리 중에 인기 있는 메뉴와 요리법이 무엇인지 파악해야 한다. 그 후 선택한 메뉴를 좋아하는 연령대라든가 직업군 같은 대상을 확정하고, 그런 사람들이 어떤 주거 패턴을 가지는지 조사하는 게 점포를 찾기 전에 거쳐야 할 필수 단계다.

이런 선행 과정 없이 점포를 찾는 것은 실패를 예약한 것과 같다. 부동산사무실의 말쑥한 젊은이가 소개한 점포의 권리금은 이런 내용을 확인하는 결과물이 결코 아니다.

직접 음식을 만드는 것엔 자신 없으나 사람을 잘 다루는 도전자라면, 주거지 중심의 시장을 찾기보단 시내 핵심 상권에 진입하는 게 성공 확률이 높다. 앞뒤 재지 않고 일만 하는 도전자라면, 재래시장 상권에 자리를 얻고 저렴한 가격이나 양으로 도전하는 모습이 가장 현명하다.

내가 어떤 사람인지를 확정하고 운영하는 점포는 지나가면서 봐도 활기찬 느낌이 뿜어져 나온다. 이 책에서는 음식 만드는 데 자신 있는 도전자를 중심으로 풀어 간다. 만약 위의 세 가지 유형 모두에서 벗어난 사람이라면 다른 일을 알아보는 게 좋다.

그 닭을 튀길까 삶을까 볶을까 구울까

튀길지 삶을지 볶을지 구울지 아니면 그중에 두 개를 할지, 네 가지 모두 할지 확실하게 해 두면 다음 선택이 쉬워진다. 가장 단순한 내용이지만 이걸 확실해 해 둬야 실패를 예방할 수 있다. 예를 들면, 닭을 튀길 사람은 덕트 시설에 최대 역점을 두고 점포를 알아봐야 한다. 최종 배출구가 바람의 역방향일

라이더 없는 배달음식점을 창업했습니다

수 있는 점을 고려치 않은 비전문가가 설치한 덕트 시설은 주방의 효율을 떨어뜨리는 주범이 되기도 한다.

1층 점포를 얻었는데 뽑아야 할 덕트 관이 40m라면 시작부터 비용은 물론 향후 관리에도 부담이 크다. 주변 시세보다 싸서 얻었는데 "여긴 다 LPG 써요."라고 흘려들은 말이 치명적일 때도 있다. 특별히 화력을 중시하는 음식이 아니라면 LPG는 도시가스보다 1.5~2배의 비용이 들어간다.

먼저 튀길지 삶을지 볶을지 구울지를 확정해야 임차할 점포의 디자인이 머릿속에 상상된다. 그렇게 내용을 정리하면 적합한 점포를 찾는 혜안이 저절로 따라붙는다. 필자가 돈가스를 할 때 등심돈가스로 품목을 확정한 후부터는 진행이 쉬웠다는 이야기를 기억하면 좋겠다.

조리 방법에 대한 명확한 개념 없이 섣불리 점포를 얻으면 원하는 디자인을 맞추기 위해 엄청난 비용이 투입되기도 한다. 그리고 이제는 나의 애매한 재산이 된 설비들에 차후 원상복구 의무가 생기고, 뒤이을 마땅한 인수자를 찾기 위해 적자를 감수하며 버티기도 한다.

기존에 주방 설비가 된 점포를 얻게 되면 설치와 관련한 민원이 발생하지 않아 이익이 되는 때도 있고, 그 설비의 구조와 명세, 내구성을 정확히 알 수 없어 배보다 배꼽이 더 큰 낭패도 예상할 수 있다. 남이 설치한 부실한 주방 설비를 내 돈으로 사들이고, 곧이어 내 돈 들여 철거하고, 다시 내 돈 들여 설치해야 하는 경우도 생길 수 있기 때문이다.

그런데 어떤 요리를 만들지 확실한 결정으로 접근하면, 이런 모든 문제에서 가장 합리적인 선택에 접근하게 된다. 그리고 그것은 바로 경쟁력으로 연결된다. 단순히 내가 어떤 요리를 만들지 확정하는 것만으로도 창업비용 절감은 물론 시간의 품도 아낄 수 있다.

배달전문점은 주방 디자인이 생명

배달전문점은 특히 주방의 역할이 중요하기 때문에 주방 설계에서 세밀해야 한다. 그렇지 않으면 앞에서 필자가 경험한 것처럼 부침개 크기도 함부로 바꾸기 어렵다. 가장 우선권을 둬야 하는 부분은 동선이다. 불필요한 움직임을 최소화하는 것이 배달음식 주방의 디자인 핵심이다. 메뉴마다 조금씩 다르지만, 주문은 대체로 한꺼번에 몰리는데 이때 최대한의 주문을 처리할 수 있어야 한다. 동선이 잘못된 주방은 곧 매출 감소로 이어진다.

주방 동선 설계가 잘못된 탓에 피크 시간대 주문량의 15%를 소화하지 못했다면 뼈아픈 일이다. 연 1억 매출인 식당이라면 약 1천만 원 이상의 매출 손실이 단지 주방 동선의 실패에 따른 결과물일 수 있다. 실제로 동선이 잘못된 우리의 첫 번째 식당은 피크 시간대 주문 음식의 10~20% 정도를 소화하지 못했다.

주방 동선이 가장 효율적인 곳은 패스트푸드점의 주방이다. 패스트푸드점의 주방은 각 파트별로 영역이 설정되어 있고 1명이 커버하는 면적이 반경 1.5미터 내외다. 대부분 업무가 한자리에 선 채로 해결되는 설계여서 수십 명의 고객이 몰려들어도 능숙하게 처리된다. 그래서 음식의 맛과는 전혀 연관이 없는 기능적 용어 '패스트'가 전면에 붙은 패스트푸드라는 신조어가 탄생할 수 있었다.

중국집 주방도 동선에 있어선 최고 수준이다. 예전에 주방장으로 일하는 중국인 친구와 낚시하러 간 적이 있었는데 좌대 주변 정리를 얼마나 잘해 놨는지 깜짝 놀랐던 기억이 있다. 손만 뻗으면 모든 도구가 잡히도록 열을 맞춰 놓았는데, 그가 주방에서 양념통들을 배치해 놓고 일하던 품새 그대로였다.

동선은 또 다른 예측도 필요하다. 종업원을 고용할 생각이라면 그 종업원의 업무에 따른 체류 구역과 동선도 확실히 구분해야 한다. 좁은 주방에서 두 명이 엇갈리면 엄청난 문제가 생긴다. 주방은 뜨겁고 미끄럽고 날카로운 일종의 화약고와 같은 곳이다. 일의 분담이 명확하지 않으면 반드시 크고 작은 사고로 연결된다. 문제가 생긴 후엔 일시적으로 가게 운영이 안 되

는 때도 있다. 주방 동선의 과학화는 매출과 안전 모두에 연관
돼 있어, 결코 소홀히 생각할 부분이 아니다.

식자재 선택과 거래처 분명히 하기

우리 가게의 주력 메뉴는 찌개와 고기볶음이었지만 보조 메
뉴로 묵은지삼겹찜을 추가했다. 묵은지삼겹찜의 핵심은 묵은지
와 삼겹살인데, 묵은지[24]는 국내산뿐이다. 일부 중국산 김치를
유통하는 업체에서 숙성시킨 중국산 김치를 물에 헹궈 내보내
는 씻은 김치가 묵은지로 둔갑하기도 하지만, 백에 한 명일지
라도 묵은지 맛을 아는 고객의 입맛을 기준으로 하려면 반드시
국내산을 사용해야 한다.

문제는 묵은지라고 판매하는 업체들의 김치도 실제에선 묵은
지가 아닌 그냥 숙성 김치인 경우가 다반사였다. 묵은지는 처
음 담글 때부터 일반 김치와 방식이 다른데 이걸 적용해 묵은지
를 만드는 업체가 손에 꼽을 정도다. 앞서 돈가스에서처럼 제

---

24 묵은지는 일반 김장김치와 같은 가을배추를 사용하되 소금은 10~20% 더 넣고 양념은
  적게 만들어 저온에 묵힌 것을 말한다. 시중에선 그냥 김장김치 오래된 것을 묵은지라고
  도 하지만, 이는 묵은지 맛을 모르는 사람들의 잘못된 설명이다. 김장김치는 그 자체로
  먹는 게 가장 맛있게 먹는 방법이고, 묵은지는 돼지고기, 생선 등 다른 재료들과 어울려
  찜을 하는 등의 특수한 목적으로 만들어진 김치.

대로 만든 묵은지를 찾기 위해 버린 돈과 시간의 노력도 만만치 않았고, 내용이 맞지 않아 가게 한쪽에 쌓였던 10kg들이 김치 상자들 처리도 큰 문제였다.

다음은 삼겹살인데 처음엔 국내산을 시도했지만, 육질의 변동이 너무 잦았다. 후에 동네 정육점 한 곳을 고정거래처로 했어도 정육점 측에서 매번 같은 육질의 고기는 공급이 어렵다고 선언했을 정도다.

작은 식당을 운영하는 업주로서 이 문제를 해결하려면 재료의 특징을 감추는 자극적인 맛으로 음식을 만들거나 숙성 과정을 통해 육질을 통일시키는 기법이 필요하다. 그런데 숙성 과정엔 그만큼의 품과 공간이 필요해 그에 상당하는 노력과 정성을 감수해야 한다.

하지만 좋은 고기가 들어오면 자극적인 맛을 낼 필요도, 고기를 숙성할 이유도 없다. 들어온 그대로 먹어도 맛있는데 왜 비용과 품을 들여 센 양념으로 고기의 맛을 가리거나 숙성을 하겠는가 말이다.

배달전문점 고기 요리의 또 다른 약점은 술과 함께 먹는 확률이 낮다는 점이다. 그래서 더욱 고기의 맛에 민감하다. 고기가 앞서 주문한 것과 조금만 달라져도 '토르의 별망치'가 가게를 기웃거린다. 오늘 고기는 많이 질기네요, 퍽퍽하네요, 냄새가 심하네요, 고기가 싸구려네요 등등 동네 작은 식당으로 역시 동네의 작은 정육점을 거래처로 하는 유통 구조로는 균일한 맛을 유지하기가 어려웠다.

또한, 거래하는 정육점의 마인드도 큰 영향을 미친다. 처음 거래했던 정육점에선 자체적으로 양념한 제육이며 돈가스를 판매했는데, 이게 우리 식당의 메뉴와 겹치니 묘한 관계가 형성되어 공급되는 고기 육질에 간혹 심각한 문제가 발생했다. 마지막엔 들어온 고기 전체를 사용할 수 없는 육질이었고 결국 다른 정육점으로 거래처를 변경했는데, 날을 잡아 이렇게 되는 게 아니라서 반나절 장사를 망치게 됐다.

이렇게 외적인 영향에서 생기는 문제들을 최소화하기 위해선 도매업체와의 직거래로 상표 확인이 가능한 외국산 돼지고기를 써야 했다. 이건 대규모의 동일한 사육 방식을 가진 해외의 육가공 공장에서 들어오기 때문에 육질의 차이가 거의 없었다. 다른 신경 쓰지 않고 우리의 레시피가 먹히는 방법이었다.

닭고기는 냉동품에서 수입과 국산 육질의 차이가 크지 않은 대신, 생닭을 사용할 것인가 냉동 닭을 사용할 것인가의 결정에서 고민하게 된다. 생닭에서도 요리에 따라서는 노계가 더 좋은 맛을 보장하는 닭곰탕 같은 요리도 있는데, 일반적으로 노계는 구하기가 쉽지 않다.

생닭을 사용하기로 했다면 내 점포와 생닭 판매처의 거리가 얼마나 되는지도 매우 중요하다. 근처에 생닭 판매처가 없으면 초기 재고의 부담으로 인해 공격적인 영업을 펼치기 어렵기 때문이다. 생닭 판매처가 가까운 곳에 있다면, 재료가 채워진 신선 냉장고가 하나 더 있는 셈이니 매우 유리한 조건이 된다.

식재료의 품질 문제는 육류뿐 아니라 채소에서도 마찬가지다. 양파도 산지에 따라 다른 맛을 띠기 때문에 주의해야 한다. 특히 양파를 푹 익히지 않는 요리에선 맛의 차이가 분명하게 느껴진다. 감자에서도 수미감자와 남작감자의 차이가 분명하므로 요리에 맞는 감자를 사용해야 하는데, 상인들도 자신이 판매하는 감자의 품종을 모르는 경우가 있어 간혹 낭패가 생기기도 한다.

잘못된 식재료로는 아무리 재주를 부려도 제맛을 낼 수 없다. 옳지 않은 식재료를 사용하게 되면 맛의 특별함을 위한 자극적인 음식이 아닌, 주재료의 못난 성질을 뭉개는 자극적인 맛을 위해 양념을 많이 사용하니 비용에서도 손해가 발생한다.

하루 판매 예상치에 맞는 설비 구축

뒤에 나올 '개업 전 분초(分秒) 단위의 시뮬레이션은 필수' 항목이 메뉴 하나하나에 대한 기술적인 디테일의 확인이라면, 이 파트는 식당 시설 전반에 대한 체크리스트라고 하면 좋겠다.

SBS의 인기 프로그램인 〈골목식당〉에서 최고의 가게로 포방터 돈가스집을 꼽는 데 반대하는 사람은 없을 것 같다. 지금은 골목에서 나타난 귀인 덕에 제주도로 옮겨 가 상황이 좋아지긴 했지만, 홍제동 시절의 포방터돈가스는 화면으로 보기에도 열악한 환경이었다.

우리 식당이 지금 장소로 이전하기 전 취급하던 돈가스는 최고로 많이 팔렸을 때가 하루 30개다. 그런데 돈가스만 판매하는 게 아니어서 그야말로 주방 환경은 사람을 매일 혼비백산으로 몰았다. 하루 장사가 끝나면 주방엔 산더미라는 표현이 적합한 설거지 그릇들이 쌓였다.

그날 밤 설거지를 마치고 다음 날 아침이 되면, 미처 빠져나가지 못한 유증기로 인해 설거지해 놓은 그릇들이 다시 끈적해져 있었다. 그래서 영업 개시 전에 이걸 다시 닦아야 쓸 수 있었다. 나중엔 설거지한 그릇을 비닐로 덮고 퇴근했지만, 매일 아침 그 끈적한 비닐을 제거하는 것도 꽤 피곤한 일이었다.

포방터돈가스집도 하루 최대 판매량을 정해 놓고 목표량에 도달하면 문을 닫았다는 얘기를 들었다. 그런데 화면으로 봤던 그렇게 좁은 주방으로는 더 팔고 싶어도 못 판다. 한계치를 무시하고 계속 판매하면 주방 환경도 문제지만 사람이 쓰러지게 된다.

역시 〈골목식당〉에 나온 둔촌동의 돈가스집도 지금 폐업 상태인데, 폐업 전 마지막에도 번호표를 받아 들어갔다는 얘기를

들었다. 그런데 방송 화면을 살펴보니 포방터보다는 큰 주방이
지만 그런 주방에서 〈골목식당〉의 솔루션이 성공한다면 역시
힘들지 않겠나 하는 생각이 들었다.

폐업 이유를 알 순 없지만, 경험자의 관점에서 볼 때 번호표
를 받아 들어갈 정도의 식당이 하루아침에 문을 닫는 것엔 설비
의 문제도 있을 것으로 짐작된다. 설비가 주문량을 커버하지 못
하면 체력으로 버텨야 하는데, 초인이 아니고선 곧 건강 악화로
연결되고 이는 구성원 내부의 갈등을 만들어 내기도 한다.

음식 장사로 인생의 승부를 생각하는 사람이라면 필수 시설
부분에서 특히 더 철저한 대비가 필요하다. 내가 구축한 설비
로 하루 최고 생산 가능한 메뉴의 숫자와 매출액 규모를 미리
확정할 수 있다면, 가게 운영의 지속성에서 큰 도움이 된다.

여분의 공간 예상하기

배달전문점의 가장 큰 특징은 포장 용기가 가게의 절반이 된
다는 점이다. 막상 시작해 보면 알게 되는데, 그러면 늦는다.
시작하기 전에 포장 용기들이 가게 면적에서 차지할 부피를 계
산해 둬야 한다.

여기서 알아 두면 쓸 만한 잡지식 한 가지를 팁으로 공개한

다. 매장 장사를 기획하고 점포를 얻기 위해 다녀 보면 주요 상업지의 권리금이 엄청나다. 그중에 바닥권리금이라는 용어가 등장하는 곳은 매우 경계해야 한다. 많은 업소에서 바닥권리금을 지키기 위해 적자가 발생하는 점포의 월세를 계속 부담하며 버티는 사례가 다반사다. 여차여차한 이유로 현재의 사업이 틀렸다면 빨리 정리하고 다른 사업을 찾아야 하는데, 그 바닥권리금 때문에 하릴없이 인생을 낭비하게 된다.

그런데 정말 장사가 되는 식당을 판별하는 확실한 방법이 있다. 그 식당의 지척에 식자재용 창고를 보유하고 있는지 확인하면 된다. 바닥권리금 같은 모호한 경제를 떠나 실제 5천만 원 수준의 권리금이 붙은 식당이라면 창고가 필수 조건이다. 상당한 수준의 식당권리금을 요구하면서 권리금 수준에 맞는 창고도 없이 대단한 양 떠든다면 허세로 봐도 좋다. 자체 식자재 보관 창고 없이는 경쟁력 있는 장사를 기획할 수 없다. 필자의 식당도 별도의 창고를 두고 있다.

막상 준비를 철저히 하고 오픈해도 부족한 부분이 발생하기 마련이다. 주방의 동선만큼이나 포장을 하는 홀의 동선도 중요하다. 주문된 음식을 다 만들었어도 포장하는 시간의 지체로 배달이 늦을 때도 있는데, 하물며 홀 여기저기 부피 큰 장애물들이 있다면 일이 점점 늦는다.

하루 배달 30건인데 1건의 포장 시간이 2분 소요된다면 하루 중 60분을 포장하는 데 투입해야 한다. 그런데 냉장고 위치가 멀리 떨어져 있다면 음료를 가지러 왕복하는 15초의 시간도 무시하기 어렵다. 주문이 뜸하면 다 관련 없는 얘기가 되겠지만, 주문이 많으면 그때 왜 좀 더 고민하지 않았을까 후회하게 된다.

가게 내부 선반의 3분의 1은 비워 놓고 장사를 시작하는 게 좋다. 그 3분의 1도 어느새 다 찬다.

음식 지도 만들기

음식 지도는 어떤 형태의 음식점이든 한 번 만들어 두면 두고두고 쓸모 있는 보배가 된다. 자기가 아주 익숙한 장소에서 오픈하기도 하지만 대부분은 낯선 장소 혹은 대략 파악된 장소에서 음식점을 열게 되는 경우가 많다. 앞서 상가정보지를 얘기했는데 상가정보지는 쉽게 구할 수 있지만 음식 지도는 따로 구할 수 없다. 스스로 만드는 자기만의 데이터이기 때문이다. 음식 지도를 만들게 되면 막연했던 부분들이 대부분 명료하게 드러나는 효과가 있다.

음식 지도의 핵심 내용은 범위 내 음식점들의 존속 기간과 주민들의 주거 형태다. 어떤 음식을 취급하는 업소가 몇 년간 같은 자리에서 영업을 이어 가고 있는지를 파악하는 게 1순위다.

다음은 내가 취급하는 메뉴와 경쟁 관계인 식당, 내 메뉴의 대체재가 되는 식당이나 상품을 따져 봐야 한다.

지금은 바다마트로 이름을 바꾼 수협에서 운영하는 마트 내 푸드코트에서 과거 회덮밥을 아주 싼 가격에 판 적이 있었다. 내용물도 튼실해서 한 번 먹은 사람들은 자주 찾게 되고 자연스럽게 주변 식당은 그만큼 장사가 안됐다. 메뉴가 달랐지만 '수산업협동조합에서 만든' 저렴하고 양 많은 회덮밥을 어지간한 식당들로선 당해 내기가 쉽지 않았기 때문이다. 심지어 수협 내 다른 횟감도 그 저렴한 회덮밥이 매출을 누를 정도였다.

음식 지도를 만들기 시작하면 이전엔 무시됐던 많은 내용이 보이기 시작한다. 범위 내 5개의 카센터가 있어도 밥 먹는 사람이 1명인 곳과 4명인 곳이 구분되고, 같은 용적률의 건물이라도 한 건물에 4가구만 거주하기도 하고 20가구가 거주하기도 한다.

필자가 식당을 운영하는 곳엔 7080 라이브카페가 많다. 앞서 특정 구역에 치킨·피자가 많으면 그 장사를 하는 게 가능성이 크다고 했던 내용에 따르면, 이 지역에선 7080 라이브카페가 성공 확률이 높아야 하는데 그렇지 않다. 왜냐하면, 이 카페 중 일부는 월세가 낮은 곳을 찾아 들어온 주인 거주형 카페이거나 자기 취미형 카페이기 때문이다. 음식점 얘기는 아니지만 이런 것들 역시 음식 지도를 만들기 시작해야 파악할 수 있는 내용이다.

하지만 나에게 필요한 것은 상권 분석이 아닌 음식 지도임을 분명히 하는 게 좋다. 소비자들은 전봇대에 붙은 철 지난 광고지에 적힌 숫자일지라도 자기가 본 내용에서 유익한 부분에 집중한다. 그리고 그 기억에 어느 정도 부합하면 쉽게 지갑을 연다. 음식 지도 만들기는 해당 지역 주민들의 기억 속에 내재된 소비 인자들을 찾아내 나의 주방과 공유하는 작업이다. 음식 지도가 잘 만들어지면 짧은 새 지역의 매우 익숙한 식당이 될 수도 있다.

음식지도는 틈나는 대로 업그레이드해야 한다. 실제 해 보면 업그레이드 과정 자체가 나의 판단력을 객관적으로 유지시키는 데 큰 도움이 됨을 알 수 있다.

배달점포에서의 포장 / 방문주문

배달의민족 앱은 '배달주문'과 '포장/방문주문' 두 가지 중 하나를 선택할 수 있도록 구성되어 있다(2020년 10월5일 기준). 배달주문은 우리가 흔히 알고 있는 라이더스 등을 이용한 음식배달 개념이고, 포장주문은 고객이 직접 매장을 방문해 포장된 음식을 가져가는 방식이다. 방문주문은 앱으로 미리 음식을 주문하고 매장 내 테이블에서 식사하는 방식으로 일반적인 음식점 예약과 같다.

사업자는 포장과 방문 두 가지를 다 선택할 수도 있고 포장만 허용하고 매장 방문 식사는 선택하지 않을 수 있다. 우리 식당은 여건상 포장만 가능한 옵션으로 9개월여 운영하다가 지금은 포장/방문주문 모두를 포기했다.

포장만 놓고 본다면 필자가 운영하는 식당의 주변 고객들은 포장주문으로 인해 유입된 비율이 높다. 고객과 업소 사이의 조금은 데면데면했던 거리감을 배달앱이 연결해 준 것으로 볼 수 있다. 특히 최근의 개인주의적 성향이 강해지는 사회적 모멘텀에선 식당과 고객 사이에서 상당히 긍정적인 역할을 한다고 생각된다.

다만 포장 완료까지 최대 40분[25]으로 한정된 시간 부분은 해당 업소가 주문이 적은 식당이거나 포장 고객을 응대할 별도의 인력이 있어야 한다는 전제를 내포하고 있다. 반대로 주문이 많아 바쁜 식당은 포장주문 오더가 왔을 때, 실제 포장 완료가 가능한 시간을 따로 통보하고 협의해야 하는 불편이 있다.

경험해 보니 고객과 협의하는 부분에서 평균 2~3분 정도의 시간이 필요했는데, 고객이 1차 전화를 받지 못하는 경우엔 그보다 긴 시간이 필요했다. 일단 통화가 이뤄지면 왜 40분을 넘

---

25 2020년 10월 05일 기준

라이더 없는 배달음식점을 창업했습니다

겨야 하는지를 고객에게 설명하고, 배달의민족 주문 시스템이 최대 40분까지만 시간 설정이 가능해 이렇게 전화를 하게 됐다는 설명도 차분하게 마쳐야 한다.

이렇게 해서 고객이 시간 연장을 승낙하고 음식을 다 만든 후에도 또 문제가 있다. 예를 들어 주방에서 음식을 만드는데 마침 포장주문 고객이 방문한 경우, 우선 포장은 되어 있는 상태로 치고 인사를 나누는 데 30초, 결제를 진행하는 데 1분, 기타 문의가 있으면 또 몇 분의 시간이 소요된다. 빨라도 90초 정도의 시간은 무조건 필요한데, 주방에서 90초는 모든 것이 망쳐지기에 충분한 시간이다. 실제에서 '반드시 친절' 명제는 90초도 벅차다.

그뿐 아니라 포장주문을 배달주문으로 착각한 고객이 종종 발생해 음식을 찾으러 오지 않는 일도 발생한다. 이때도 다시 시간을 할애해 고객에게 전화하고 배달주문과 포장주문의 차이점을 설명해야 하는 긴 여정에 들어가기도 한다.

결론적으로 필자의 식당처럼 아내가 주방을 맡고 남편은 배달하는 구조에선 기존 인원에 '외 1명'을 추가하지 않고서는 고객 만족 조건의 포장주문 처리는 현실적으로 어렵다. 2명이 운영하면서 1명은 주방을 맡고 1명은 포장을 담당하면 가능하겠지만, 이때는 배달대행서비스를 이용하는 조건이어야 해 수익성에 문제가 있다.

고객이 직접 음식을 포장해 가니 배달대행비가 절약되어 이득일 것 같지만, 애초에 포장판매가 없으면 배달대행 없이 운영할 수 있던 사업이기 때문에 결론적으론 손실 폭이 더 커진다. 이를 극복하기 위해선 주방이 거의 자동화된 로봇처럼 음식을 생산할 수 있어야 그 손실을 메꾸게 되는데, 어려운 내용이다.

방문주문에서 고객은 방문하려는 음식점에 도착하기 전 배달앱으로 주문을 넣으면 대기하는 시간 없이 식사할 수 있는 장점을 기대하게 된다. 그렇지만 컴퓨터와 달리 사람의 일은 매사에 정확할 수 없다. 미리 주문하고 왔어도 앞선 주문들이 밀려 있었다면 아무 소용없으니 매장에 도착한 고객은 기대와 달라 짜증이 날 수 있고, 반대로 고객의 사정 때문에 도착 시간이 늦어져 만들어 놓은 음식이 제맛을 잃은 경우도 생길 수 있다.

앞서 "최소주문금액은 보배 중 보배" 마지막 부분에서 '배달앱의 세계에서만큼은 나의 합리적인 판단을 일부 미루는 것이 좋은 결과로 이어지기도 한다.'고 말했지만, 포장/방문 주문에서만큼은 플랫폼사업자의 지나친 욕심이 탈을 낸 것으로 보인다.

소규모 자영업자들에게 외면받는 포장/방문주문

이런 사례들로 인해 배달의민족에 입점한 식당들의 꽤 많은 수가 포장/방문주문을 외면하고 있다. 필자가 식당을 운영하는 은평 지역만 봐도 한식 카테고리의 약 20%[26]만이 포장 서비스를 하고, 좀 더 놀라운 것은 도시락업체 대부분도 고객이 직접 방문하는 포장주문을 외면하고 있다는 점이다. 역시 포장주문을 친절하게 처리하기 위해선 1명의 추가 인원이 필요하다는 게 큰 걸림돌이다.

리뷰와 평점이 존재하는 거래에서 '반드시 친절'이라는 명제는 상당히 많은 부분에서 인내심이 필요하다. 오히려 긴 시간 매장에서 식사하는 경우엔 그냥 묻히는 부분들도, 짧은 순간의 접촉에선 크게 확대되기도 한다. 약 90초의 시간이지만 사람 대 사람의 접촉에선 세상사 모든 일이 가능한 시간이기도 하다.

처음 배달앱 사업을 시작하는 사람은 이 부분을 사업 개시 전 명확히 해야 한다. 배달만 전문으로 하는 식당 디자인과 포장 판매를 겸하는 식당 디자인은 분명한 차이점이 있다. 포장판매는 고객이 식당을 직접 방문하기 때문에 최소한의 예의는 갖춰진 시설 디자인과 사람 디자인이 병행되어야 한다. 더구나 이번 코로나19 사태처럼 예외적인 상황이 1년 넘게 지속될 수도 있으니 방역과 관련된 부분도 반영하는 게 유리하다.

참고로 배달만 전문으로 하는 음식점도 규정에 따라 테이블

---

26 2020년 10월 05일 기준

한 개는 필수적으로 갖춰야 한다. 법률적으로 식품접객업 분류에 들기 때문인데, '접객(接客)'이란 단어가 '손님을 접대한다'라는 의미의 용어로 손님을 접대하기 위해선 테이블이 갖춰져 있어야 그 분류의 정의에 맞는다.

프랜차이즈 배달점포의 선택

음식점을 창업하려는 어떤 이들에겐 이 페이지가 가장 중요한 부분일 수 있다. 처음 식당 창업을 계획한 사람들은 대부분 프랜차이즈 식당을 할 것이냐 자기 실력으로 할 것이냐의 선택에서 갈등한다. 필자도 처음 식당을 열었을 때 주변 사람들의 첫 번째 반응이 "어디 프랜차이즈야?"라는 말이었다.

음식점 창업에서 프랜차이즈 선택은 그만큼 일반화되어 있다는 방증이었다. 필자의 식당이 가장 오래 머물렀던 한식 카테고리의 맛집 랭킹만 해도 전체 20개의 업소 중 5개만이 일반 자영업소고 나머지 15개는 프랜차이즈 점포였다. 필자는 다섯 가지 분류로 프랜차이즈 점포를 본다.

첫 번째 분류는 브랜드 가치가 높은 프랜차이즈다. 이 형태는 초기 자본금이 많이 소요되는 단점이 있지만, 개업과 동시

라이더 없는 배달음식점을 창업했습니다

에 매출이 보장되는 장점이 있다. 하지만 이번 코로나19 사태와 같이 예측 불가능한 변동성이 발생하면 높은 투자비와 높은 운영비로 가장 취약한 형태가 되기 때문에 점점 신중해지는 선택 분류가 되고 있다. 이 분류의 사업은 일차 다른 음식점으로 충분한 경험을 쌓은 창업자에게 권하고 싶다.

두 번째 분류는 브랜드 가치가 1인의 명성에 집중된 프랜차이즈다. 대표적인 경우가 빅뱅 멤버 승리가 대표로 있던 아오리에프엔비의 '아오리라멘'이다. 브랜드 얼굴인 승리가 버닝썬 사태에서 피의자로 조사를 받으며 이미지 실추가 이어지고, 뒤이어 일본의 대한국 무역제재로 인한 불매운동으로 일본풍의 아오리라멘이 직격탄을 맞은 데다, 올해엔 코로나19로 결국 파산 신청에 이르게 됐다. 이런 경우 소송전이 벌어지기도 해 음식점을 운영하기도 벅찬 현실에서, 자영업자는 점점 더 무거운 짐을 지게 되는 안타까움이 관찰되기도 한다.

세 번째 분류는 점주의 노동력을 열정으로 설득하는 프랜차이즈다. 본사는 식재료 공급망을 확대하며 점점 번창하지만, 그 시스템을 유지하기 위한 필수 요건으로 낮은 음식 가격을 고수한다. 낮은 가격대로 고객은 많이 찾게 되지만 점주 자신의 노동력은 그 어떤 프랜차이즈보다 많이 투입된다. 의외로 본사의 지침이 구체적이며 "열심히 하지 않으면 돈 못 벌어요." 소리를 많이 들을 수 있다. 대부분 수익은 발생하지만, 몸이 튼튼한 사람에게 어울리는 형태다.

네 번째 분류는 기본적인 브랜드 간판 정도의 최소 투자를 제시하고, 메뉴나 가격 같은 부분에선 시장의 변화에 빠르게 대응하는 군소 프랜차이즈들이다. 이 형태의 프랜차이즈 본사들은 식재료 유통 마진을 목표로 설립된 경우여서 점포 운영에서 경직된 부분이 없다. 프랜차이즈와 자영의 반반 개념으로 처음 오픈할 때 겉모습만 프랜차이즈고 그 뒤엔 자영업이나 마찬가지다. 본사는 흔한 식자재 유통업체와 다를 바 없어 눈치 없는 점주가 "이럴 때 어떻게 하면 좋겠냐?"고 물으면 당황한다.

다섯 번째는 오픈만 하면 큰돈을 벌 수 있다고 설득하는 교과서적인 방식의 프랜차이즈인데, 이건 스스로의 인생 경험으로 판단하길 바란다. 당신의 돈, 노력, 열정을 투입하면 돈을 벌게 해 주겠다는 내용에 3자의 이견은 난센스다. 약간의 조언을 붙인다면 '큰돈'의 개념이 언제부터 언제까지 얼마의 개념인지로 접근하면 좋다.

필자는 이 중에서 네 번째 분류를 음식점 초보에게 유리한 형

라이더 없는 배달음식점을 창업했습니다

태로 본다. 몇몇 프랜차이즈 업소들에서 가성비 좋은 수입육 덕으로 경쟁력 있는 점포 운영이 관찰되고 있어, 단일 품목 메뉴만을 전문으로 하고 싶다면 양호한 프랜차이즈 형태다. 맛의 수준이 엇비슷할 수밖에 없는 메뉴의 경쟁에선 양 많은 게 눈에 잘 띄기 때문이다. 다만 돼지열병이나 조류독감 같은 재해 발생 시 단일 품목 메뉴로서 타격은 있다.

배달앱 내부의 모습은 한 가지 원칙을 고수하는 영업 방식으로 론 생존하기 힘들 정도로 빠르게 변화 중이다. 배달의민족 맛집 랭킹을 봐도 선두에 있는 업소들 대부분은 필자가 안내한 네번째 형태의 프랜차이즈들이다. 즉 변화하는 상황에서 빠른 대처가 이뤄지는 프랜차이즈를 선택하는 게 실패를 줄이는 노하우가 된다.

1위 업소와 2위 업소는 비슷한 매출이지만 1위 업소와 5위 업소의 매출은 3~4배 차이가 나기도 한다.

PART 4
배달점포
운영

앞에서 배달점포를 만들기 위해
어느 관점에 집중해야 하는지를 알았다면,
이 단원을 읽은 후엔 무릎을 '탁' 치는 당신을
만나게 될지도 모른다.
현실에서 사업은 남의 주머니 속 지갑에 있는 돈을
내 주머니 속 지갑으로 옮기는 과정이다.
부타니즈가 되는 것도 그 후의 일이다.

노출 범위 설정: 어디까지 배달할 것인가

배달의민족에서 노출 범위를 설정하는 세 가지 방식이 있다. '셀프 서비스 → 가게 관리 → 배달 지역 → 빠른 설정'에서 특정 지점을 기준으로 동심원[27]을 그려 노출 범위를 설정하는 방식과 행정동을 지정해 설정하는 방식이 있다. 다른 하나는 위의 방법으로 설정된 동심원이나 행정동 구성에서 지오펜싱[28] 기법을 활용해 노출 범위를 세밀하게 수정하는 방식을 병용할 수 있다.

노출 범위 내 특별한 이유 없이 모두 배달한다면 동심원 방식

---

27 동심원 방식은 본인의 식당을 기준으로 원을 그려 지정한 범위 내 전체를 배달 구역으로 하는 방식이다.
28 지오펜싱 기법은 자기가 배달하고자 하는 지역을 마름모꼴 사각형으로 점을 찍듯이 그리는 방식이다. 동심원 방식과 달리 배달 여건이 좋지 않은 특정 구역이 있다면 배달 제외 지역으로 설정할 수 있다.

이나 행정동 방식을 선택하면 된다. 그러나 설정 구역 안이지만 업소의 배달 유형 등의 문제로 배달이 어려운 협소 구역이 존재한다면, 그곳은 지오펜싱을 이용해 배달 제외 구역으로 설정할 수 있다. 반대로 동심원이나 행정동 밖이지만 특정한 협소 구역은 배달하고 싶다면 지오펜싱을 이용해 배달 가능 구역으로 그려 넣을 수 있다.

배달의민족은 취급하는 음식의 분류에 따라 배달 가능 범위를 달리 적용하고 있다. 중복 업소가 많은 치킨의 경우 배달 범위가 가장 짧아 1.5㎞다. 중식과 분식, 한식은 음식의 특성을 고려해 2㎞까지 배달할 수 있고, 그 외 분류의 음식들은 최대 3㎞까지 배달 구역을 설정할 수 있다.

하지만 한식이라 해도 초기 배달 범위는 1.5㎞를 넘지 않도록 처음부터 다짐하는 게 좋다. 배달영업엔 주문품 누락 등의 배달 사고가 반드시 따르기 마련인데, 주로 처음 장사를 시작한 가게에서 집중적으로 실수가 나타난다. 공깃밥을 빼놓고 배달된 고객의 집이 가게에서 2㎞면 직영 배달에도 왕복 4㎞의 불필요한 노력이 낭비되고, 배달대행이면 3,000원 이상의 추가비용이 발생한다. 앞서 첫 배달은 고객이 배달요금을 일부 부담했겠지만, 추가 배달은 업소의 지출이 된다.

누락 배달만큼 자주 발생하는 게 오배달이다. 두 집의 음식이 서로 바뀌어 배달된 경우 문제를 완전히 해결하는 데 상당한 시간이 소요됨은 물론, 그 문제를 처리하기 위해 다음 배달들 모두 연착되는 사태가 벌어지기도 한다. 그런데 하필 배달 범위 끝에 거주하는 고객에게 오배달의 실수가 벌어졌다면 피해가 엄청나다.

범위를 좁히면 깃발 한 개로도 충분하다

업소에 따라서는 울트라콜 깃발 1개만을 운영하기도 하지만 많게는 10개 이상을 꽂는 업소도 있다고 알려져 있을 만큼 중요한 부분이다. 10개면 880,000원이다. 그런데 앞서 음식지도 만들기에 충실했던 창업자라면 이미 깃발 위치쯤은 정해져 있다. 다만 경험자로서 독자들이 빼먹을지도 모르는 부분을 짚는 정도로 얘기한다. 통상 배달대행 계약을 맺은 대행사에서 추천해 준 장소에 깃발 한두 개를 꽂고, 나머진 사장이 지도를 펼쳐 놓고 나름의 합리적 판단에 따르는 게 일반적인 모습이다.

지역에 대해 아무것도 모르는 음식점 주인이라면 이게 최선이지만 안타까운 면도 보인다. 배달대행 업체에서 주문이 많은 곳을 알기는 하지만 나에게 필요한 것은 내 식당의 메뉴를 선호하는 고객에 대한 분별력 있는 데이터다. 치킨·피자를 좋아하는 고객은 정말 어쩌다 한 번 한식을 찾거나 아예 들여다보지도 않기 때문이다.

필자의 식당 배달 범위에도 300~700실 규모의 오피스텔 8동이 반경 100m 안에 몰려 있는 곳이 있지만, 전체 배달에서 차지하는 비율로 보면 의외의 결과를 보여 순다. 원룸 생활자 4,000가구 이상이 몰려 있으면 그 건물 입주자들만을 상대로 하는 월식 식당도 생길 만한데 전혀 그렇지 않다. 오히려 분식점 하나가 1년여 운영되다가 사라졌고, 짧은 기간에 들어섰다 사라진 식당과 주점도 꽤 된다.

그런데 이른 아침에 가 보면 새벽 배송을 하는 마켓컬리 물량은 점점 늘어나고 있다. 배달업체에선 이런 내용을 데이터화하는 게 아니므로 절반의 조언만 가능하다고 봐야 한다. 오히려 배달업체의 시각과 다른 관점을 가진 배달의민족은 마켓컬리의 성장을 보며 B마트를 탄생시켰고, 일부 지역은 배달 물량의 절반이 B마트에서 나올 정도로 빠른 성장을 보여 주고 있다.

한때 동네 음식점의 최고 경쟁상대가 편의점도시락이란 자조적인 말이 있었지만, 지금은 새벽 배송을 무기로 한 마켓컬리 같은 업체들의 위세도 그에 못지않게 된 상황이다. 가정간편식 (HMR: Home Meal Replacement)이 담긴 마켓컬리의 배송 상자가 문 앞에 놓이는 건물에선 배달음식 주문량이 적고 B마트 배달은 시간대를 달리해 마켓컬리를 쫓고 있다.

결국, 소규모 자영업자는 음식 지도 등을 통해 확인된 데이터를 분석해 특성화된 배달 전략을 세워야 한다. 그래야 광역망을 커버하는 마켓컬리나 중규모 지역을 커버하는 B마트의 쌍끌이 공세에 대항할 수 있다. 그들이 하지 못하는 걸 해야 한다. 그래서 필자가 선택한 전략이 따뜻한 국물 요리 배달이었다.

최근엔 국물 요리에 더해 '소불고기쌀떡볶이'를 메뉴에 넣었다. 근동에 떡볶이전문점은 많지만 모두 빨간떡볶이인 것에 착안해 궁중떡볶이를 모티브로 개발한 메뉴다. 핵심은 갓 만들어져 야채가 어우러진 따뜻한 향기의 배달이다. 어떤 재주를 부려도 가정간편식 개념으론 그 맛을 만들지 못하기 때문이다. 이게 음식 지도를 만들며 파악한 내용 일부였다.

필자가 운영하는 식당은 2020년 9월 15일 기준으로 1.4km의 배달 범위를 가지는데, 그마저도 초기의 2.4km에서 많이 좁혀진 범위다. 더 좁혔으면 좋겠지만 기존 고객들이 있어 그렇게 하지 못한다. 그런데 처음에 좁은 범위에서 출발한 가게라면 가게가 감당할 수 있는 주문 용량을 적절히 증가시키며 운영 범위를 100미터씩 넓힐 수가 있다. 이때 지오펜싱 기법이 유용하게 사용된다. 필자가 생각하기에 광역시 정도의 밀집도를 가진 도시 지역 기준으로 최적의 배달 범위는 내 가게를 중심으로 반경 500m에서 시작하는 게 좋다.

반경 500m면 깃발 한 개를 돌려 찍기 하는 것만으로도 충분한 효과를 얻을 수 있다. 좁은 범위에서 넓은 범위로 가는 것은 창업자 본인의 노하우가 먹히는 과정이다. 처음부터 한계치까지 범위를 잡고 배달업을 시작하는 것은, 경험이 풍부한 전문가일 때 권장된다.

초반 깃발 꽂기

이제 막 찜닭집을 오픈한 신생음식점인데 인근 지역 거주민들이 "이 식당 찜닭이 최고다."라고 말할까를 생각해 보면 씨알도 안 먹히는 소리다. 그건 배달앱에서도 마찬가지다. 배달앱 이용자들은 일반 검색이나 오픈리스트, 울트라콜도 이용하지만, 자신이 찜해 놓은 음식점을 더 많이 찾기 때문이다.

배달앱 후발주자는 아무리 음식에 자신 있어도 정면 승부가 어렵다. 나는 정면 승부 중인데 그걸 아는 사람이 아무도 없는 현실에 곧 마주하게 된다. 그래서 초반 깃발 꽂기는 대체재로의 접근이 바람직하다. 내 메뉴가 대체재로 작용할 수 있는 카테고리 선택이 2순위가 돼야 한다. 나의 주 메뉴가 찜닭이니 찜 카테고리 한 곳에 깃발을 몇 개나 꽂는 결정은 미련한 정면 승부다. 이미 찜닭을 좋아하는 사람들 대부분은 자신이 자주 이용하는 찜닭집을 찜해 놓고 있어, 여간해선 찜 카테고리를 들춰 보지 않는다.

그런데 찜을 좋아하는 이용자가 한식 카테고리에선 이곳저곳 가게들을 살펴볼 가능성이 크다. 한식 카테고리 성격에 맞게 '찜닭정식백반'을 따로 만들어 올리면 신규 고객 유입 가능성이 몇 배는 더 올라간다. 부담이라면 포장 용기를 별도로 준비하는 거다. 도시락 카테고리에도 '찜정식도시락'을 따로 만들어 올리면 또 신규 고객의 유입 효과가 있다. 내용에선 찜정식백반이나 찜정식도시락이나 차이가 없어서 업주에게 별도의 부담을 키우는 것도 아니다. 찜닭에 반찬 몇 가지 추가되는 게 전부다.

초반 깃발 꽂기는 찜 카테고리에 한 개, 한식 카테고리에 한 개, 도시락 카테고리에 한 개와 같은 접근을 선택하는 게 현명하다. 한곳에 몰아넣는 것은 현명하지 못한 선택이다. 초반 깃발 꽂기는 신규 고객을 찾는 수단이라는 점을 잊지 않는다면 매우 효과적인 운용이 가능해진다.

중반 깃발 꽂기

대체재 공략법 등으로 신규 고객들이 유입되기 시작하면 주메뉴인 찜닭의 매출도 자연스럽게 올라가기 시작하고, 이제는 내 가게를 찜한 고객들의 숫자도 점점 늘어나게 된다. 초반 깃발 꽂기가 중반 깃발 꽂기로 무난히 옮겨 가려면 신규 유입된 고객들의 꾸준한 클릭을 유도해야 한다. 흔하게 사용되는 방법으로 쿠폰 발행이 있고 리뷰 이벤트가 있다.

여기서 냉정한 판단 하나가 요구된다. 처음에 계획한 식당의 모토가 현재 그대로 적용되는지, 나도 모르는 새 다른 콘셉트로 바뀌었는지를 들여다봐야 한다. 내 식당 음식이 맛있어 고객들이 찾는 것인지, 양이 많아 찾는 것인지, 가격이 저렴해서 찾는 것인지, 특색 있는 음식이어서 찾는 것인지를 명확히 해야 올바른 처방전을 만들 수 있다.

대한민국에서 가장 저렴한 한 끼를 책임지는 분식집을 보자. 분식집을 콘셉트로 잡은 식당은 음식의 질에 신경 쓰기보단 알려진 맛을 저렴하게 제공하기만 하면 운영에 지장이 없다. 살펴보면 1인 고객도 저렴한 가격 덕에 두 종류 메뉴를 주문하는 경우가 많다.

내 식당이 시장통에서 양을 많이 주는 식당의 개념으로 굳어졌으면 쿠폰 발행보단 리뷰 이벤트를 통해 양을 늘려 주는 서비스가 더 효과적이다. 반면 위의 분식집처럼 가격이 저렴한 식당 콘셉트라면 쿠폰 발행이 더 효과적이다. 가격에 민감한 고객들의 눈엔 쿠폰 노출이 더 크게 보이기 마련이다.

하지만 많은 소비자는 '가성비 좋은 맛집'이라는 용어를 무기로 삼아 두 가지 이상을 충족하는 식당을 최고로 꼽기 때문에,

업주는 배달앱이 준 혜택인 최소주문금액을 유연성 있게 조절하는 지혜가 요구된다. 그런데 이 조절 부분은 누구의 강의로 얻을 수 있는 게 아니고 본인이 실전을 통해 직접 체득하는 영역이다.

이렇게 양이 많거나 저렴한 식당이 콘셉트라면 배달 범위를 넓히는 전략이 쓸모 있다. 맛이 핵심 요소가 아니기에 음식을 미리 만들어 둘 수 있고 빠른 배달이 가장 효율적인 운영 원칙이다. 배달음식에서 빠르다는 것은 맛있다는 것에 비례하는 장점이고 수익에 있어선 어지간한 맛집보다 한 수 위라고 볼 수 있다. 중국집 자장면을 생각하면 된다. 배달 자장면은 맛있어서 먹기보단 고민 없이 빨리 먹을 수 있는 게 가장 큰 선택의 이유다. 그런 이유로 아직도 대부분 중국집은 배달사원 직고용을 하고 있다. 그만큼 빠른 배달 서비스가 매출 증대에 큰 역할을 한다는 의미다.

이런 콘셉트에선 깃발 위치를 기존보다 먼 곳에 일주일씩 동심원을 그리듯 옮겨 찍으면 된다. 욕심껏 동서남북 하나씩 꽂아도 되겠지만 깃발 4개면 352,000원이다. 세 개의 카테고리 모두에 깃발 4개씩이면 12개고 깃발 비용만 1,056,000원이다. 그렇지만 자신의 콘셉트에 따라선 충분한 가치가 있을 수도 있다.

특색 있는 음식을 판매한다면, 배달권역 내 배달앱은 물론 분기별 지역정보지도 자주 판독해야 한다. 특색 있다는 단어가

성립하려면 동일 유사 메뉴가 없어야 하기 때문이다. 4~5년 전에 생긴 베트남쌀국수 식당은 특색 있는 음식점이었지만 지금은 누구도 그렇게 생각하지 않는다. 게다가 특색 있는 음식을 찾는 소비자들은 그런 음식을 계속 탐색한다.

특색 있는 음식점이면 유사 분류의 신규 진입 증가가 수익 감소의 바로미터로 연결되기 때문에 배달 범위를 최대한 넓게 유지하는 전략이 좋다. 배달이 충분히 가능하다면 허용 범위 밖에도 별도의 전단을 만들어 살포하거나 지역정보지에 등재하는 것도 필요하고, 가격 정책도 신규 진입자의 출현을 염두에 둔 접근이 필요하다. 최소 2년 정도 일정한 수입이 이어지지 않으면 대부분 음식점에선 투자금을 회수하기도 벅차다.

다음은 맛집인 경우다. 개업한 지 1년은 넘었고 평점은 5.0인 식당이 됐다면 이때는 맛집 콘셉트로 가야 한다. 맛집인데 이 카테고리 저 카테고리 어딜 가든 보이는 식당은 뭔가 심하게 어색하다. 아무도 그런 식당을 맛집이라 말하지 않는다.

평점이 5.0이면 그 식당 주방장도 수준급이고 식재료부터 최종 음식까지 거의 흠 잡을 데 없다는 의미다. 어디서 싼 고기를 팔아도 함부로 사 오지 않게 되고, 상태가 조금이라도 좋지 않은 채소는 과감하게 잘라낸다. 즉 원가율이 높은 식당이 되기 때문에 낮은 가격으로 메뉴를 내는 게 불가능하다.

거기에 이미 1년의 과세특례사업자 지위를 잃은 후고, 원가

비중이 가장 큰 면세 식재료에선 의제매입세액 공제[29]를 받을 수 있는 한계치가 정해져 있다. 여러 제반 조건들이 지시하는 것은 맛집은 오직 맛으로만 승부해야 한다는 선언적 명제에 가깝다.

맛집은 깃발 한 개만으로 운영한다.

깃발 늘리기만큼 효과적인 운영 시간 변경

필자의 식당에서 실제 사용했던 방식을 그대로 기술하는 게 이해하기 편할 것 같다. 처음 배달앱을 시작하고 운영 시간은 오전 10시부터 오후 10시까지였다. 몇 달 그렇게 운영했더니 우리 식당을 '찜'한 고객 숫자가 정체되는 게 보였다. 600명 정도에서 더 늘어지지도 않고 줄지도 않았다. 그때 깃발을 더 넣어 볼까 생각도 했지만, 우린 조금 다른 생각을 했다.

식당 운영 시간을 1시간씩 앞당기는 방법을 사용한 것이다. 오전 9시부터 오후 9시까지로 바꾸니 새로운 고객의 주문이 들

---

29 의제매입세액 공제: 음식점에서 구매하는 농수산물과 육류는 면세품인데 음식점의 매입액에서 매우 높은 비율을 점유한다. 일반사업자인 식당으로선 면세품을 매입해 가공한 후 매출을 올렸기 때문에 해당 매출액만큼의 부가세를 납부해야 하지만 매입으로 인한 자료(세금계산서)가 존재하지 않기 때문에 세 부담이 크다. 그래서 전체 면세금액에서 일정 금액만큼을 매입세액이 발생한 것으로 간주해 낼 세금에서 공제해 주는 것을 말한다. 음식점을 하는 사업자에겐 매우 중요한 내용이다.

어왔고 찜 숫자도 늘었다. 한 달이 지나 오전 8시부터 오후 8시로 바꾸고, 최종적으론 오전 6시부터 오후 6시까지로 운영 시간을 변경했다. 몇 달이 지난 후 찜은 900명 수준에 도달했다. 최종적으론 매주 월요일은 휴무로 설정하고 평일은 저녁 5시부터 밤 11시까지 하루 6시간 운영하고, 토·일요일은 오전 10시부터 오후 10시까지 운영으로 전환했다.

이렇게 바꾸고 1년을 운영했는데 이때 찜은 1,200명 수준까지 올라섰고 식당은 가장 안정적인 운영 궤도에 들어설 수 있었다. 이렇게 운영 시간 설정 변경을 통해 전혀 다른 시간대의 생활 방식을 가진 고객들을 끌어들인 것은 깃발을 몇 개 더 추가한 것에 버금가는 효과였다.

다만 2020년 들어 코로나19의 문제로 여러 예측하지 못한 문제들이 발생, 식당은 물론 고객들의 편의를 위해 운영 시간을 임시 조정한 상태다. 2020년 3월부터 9월 30일까지는 월요일 휴무에 오전 10시 오픈 오후 10시 종료로 운영했고, 10월부터는 18시 30분 오픈 01시 30분 마감으로 전환했다.

개업 전 분초(分秒) 단위의 시뮬레이션은 필수

어쩌면 음식업을 하는 기술적인 부분에서 가장 중요한 대목

일 수도 있다. 숫자가 많이 나오지만, 내용을 길게 늘이지 않았으니 조금만 집중해서 보면 된다.

개업하고 얼마 지나지 않은 때다. 보험사무실을 운영하는 고객이 직원 야유회를 가는 데 40인분의 김밥을 주문하고 싶다 해서 옳다구나 주문을 받았다. 김밥이 메뉴에 있던 것은 아니지만 그 정도는 고민거리라고 생각하지 않았다.

당일 새벽 6시부터 준비를 했는데 약속 시각인 9시가 될 때까지 김밥 40줄을 만들지 못했다. 그날 얼마나 부끄럽고 창피했는지 지금 생각해도 얼굴이 화끈거리는 악몽이다. 9시 30분이 돼서야 김밥 40줄을 완성했고 약속 장소에 도착하니 40여 명이 탄 고속버스가 출발하지 못한 채 나를 기다리고 있었다.

그날의 실수는 김밥 40줄을 너무 우습게 생각한 탓이다. 6시에 밥을 안치고 햄과 소시지를 자르고 우엉을 볶고 시금치나물을 준비하고 계란지단을 만들고 오이도 예쁘게 잘라 재료가 완성된 시간은 7시 10분이었다.

그런데 김밥을 만들던 식당이 아니다 보니 김밥을 만들 작업 테이블 세팅에서 10분 정도 시간을 잡아먹었다. 7시 20분에 김밥을 말려고 보니 김밥용 김이 아닌 파래김이 준비되어 있었다. 괜찮겠지 생각하고 김밥을 말아 보니 여기저기 터져서 도저히 안 된다. 급히 문 연 마트를 찾아 김밥용 김을 사 오니 7시 40분이 됐다.

그제야 겨우 김밥 한 줄을 완성했는데 소요된 시간이 3분 15초였다. 이때부터 피가 마르기 시작했다. 15초 정도는 어찌어찌 당겨 김밥 한 개당 3분을 잡아도 40개를 만들려면 120분이 필요한데 남은 시간은 75분이었다.

정말 말 그대로 입이 바싹 마르도록 침을 삼키며 김밥 40줄을 완성하기까지 최종적으로 115분이 소요됐다. 이미 약속 시각에선 30분이 지났는데, 또 문제가 생겼다. 김밥을 상자에 담는 시간도 그냥 되는 게 아니었다. 김밥이 안전하도록 포장 완료까지 또 10분을 잡아먹었다. 이제 약속 장소까지 25분이 소요되고 10시 05분이 돼서야 임무를 끝낼 수 있었다.

그날의 실수는 우리에게 큰 보약이 됐지만, 독자들은 시뮬레이션 없이 대량 주문을 받는 것은 꿈도 꾸지 않기를 바란다. 지금 글을 쓰며 다시 생각해도 그때의 악몽에 심장이 쫄깃해진다.

가장 어려운 요청 사항

배달의민족 급성장 요인 중 하나인 요청 사항은 고객에겐 참 쓸모 있는 부분이지만 배달업소 처지에선 녹록지 않은 문제다. 온갖 종류의 요청 사항이 있게 마련인데 깜박 잊는 경우가 있어 곤란을 겪기도 한다. 메뉴의 문제가 아닌 요청 사항을 처리하기 위해 배달비용을 재차 부담하는 것은 엄청난 스트레스로 연결된다.

우리 가게 기준으로 전체 주문에서 요청 사항을 내는 고객은 약 15% 정도다. 이 15%의 요청 사항에 덜 맵게, 매콤하게, 달지 않게 등등 여러 가지가 등장한다. 그런데 이런 요청 사항은 당연한 내용이기 때문에 주인으로선 제대로 처리하는 게 고객 유인이 되는 측면이 있어 나쁘지 않다.

인터넷을 살펴보면 담배를 사다 달라는 요청 사항이 있었다는 등의 기사가 나오기도 하지만, 필자가 배달식당을 운영한 3년 동안 유사한 사례를 겪지 못했다. 하지만 뉴스는 드물게 발생하는 일을 소재로 삼는 경우가 많아 자칫 일부가 전체인 양 둔갑되기도 한다. 사업하는 사람은 전체에서 미미한 일부는 과감하게 무시하는 담대함을 가지는 게 좋다. 1부에서 언급했던 '할우 언용계도(割牛 焉用鷄刀)'의 다른 적용으로 이해하면 좋겠다.

그런데 평범하면서도 가장 어려운 요청 사항이 있는데, 바로 밥을 많이 달라는 내용이다. 언뜻 보면 간단한 내용으로 보이지만, 밥을 더 가져갔을 때 문제는 반찬이 되는 음식과 비율이 맞지 않는 부분이다. 누구도 반찬이 부족하게 밥을 먹고는 맛있었다고 할 수가 없다. 더구나 우리 식당은 반찬을 심심하게 만드는 편이라 고민이 많았다. 결국, 밥을 많이 달라는 요청 사항이 달리면 어쩔 수 없이 취소가 발생한다.

다음은 첫 주문 고객의 레시피 변경 요청이다. 처음 주문된 주소인데 순두부찌개를 맵게 해 달라는 요청이 있었다. 그때 처음 있는 일이었고 아무 생각 없이 청양고추를 넣어서 보냈는 네 맛없어 버렸나는 리뷰가 날렸다. 문제는 식당마다 다른 레시피의 순두부찌개가 팔리는 데 있었다. 나중에 생각해 보니 그 고객은 고추기름이 잔뜩 들어간 순두부찌개를 원했던 것 같은데, 우리 식당의 순두부찌개는 고추기름이 아닌 직접 만든 순두부장을 사용하는 방식이다. 매운맛이 어울리지 않는 순두부찌개였다.

청국장찌개도 맵게 해 달라는 요청 사항이 있었는데 역시 평가가 박했다. 그냥 아무 말 없이 끝나는 게 아니라 맛없다고 리뷰를 다니, 사업을 하는 처지에서 매우 곤란한 부분이다. 우리 식당의 청국장찌개는 물을 적게 넣고 콩을 많이 넣는 되직한 방식이라 역시 매운맛이 어울리지 않는다.

같은 일을 여러 번 겪은 후 맵게 해 달라는 요청 사항에서 아예 청양고추를 별도의 용기에 담아 보내기로 했다. 이후로 맵게 해 달라는 요청으로 인해 별점이 깎이는 일은 발생하지 않았다. 그러나 다른 부분에선 처리가 어려워 첫 주문인 고객의 레시피 변경 요청이 있으면 주문 취소를 원칙으로 세웠다.

다른 음식과 달리 한식에선 모든 국민이 전문가이기 때문에 요청 사항들이 매우 강경한 결과로 이어지는 일이 있어, 업소

라이더 없는 배달음식점을 창업했습니다

별로 자기가 취급하는 음식에 대한 대응 매뉴얼을 준비하는 게
좋다.

저렴한 메뉴와 최소주문금액

처음 식당을 오픈하게 되면 손님을 끌어모으기 위해 저렴한
메뉴 하나쯤 만들까 생각하기도 한다. 실제로 주변을 보면 저
렴한 가격으로 공격적인 마케팅을 하는 오프라인 식당들이 있
다. 근처 새로 지어진 오피스텔건물 옆에 5,000원 백반 식당이
생겼었다. 비록 점심에만 5,000원 백반이지만 눈에 띄는 홍보
수단인 것은 분명했다. 그런데 주인의 예상과 달리 손님이 거
의 없었다. 서너 달을 그렇게 하다가 반년도 채우지 못하고 가
게를 비웠고 새로운 사람이 들어왔다. 그때 그분은 이유를 알
고 떠났을지 아직도 궁금하다. 망하더라도 자기가 왜 망했는지
는 알아야 다음을 기약할 수 있을 것 아닌가 생각된다.

백반 형식의 저렴한 메뉴가 성공하려면 입지가 중요하다.
5,000원 식당의 주인은 신규 오피스텔에 입주한 다수의 1인 가
구들을 표적으로 설정했음이 틀림없지만, 그 오피스텔에 입주
한 사람들의 생각을 읽지는 못했다. 그 식당은 오피스텔 현관
문을 밀고 나오면 바로 보이는 자리인데, 현관문에서 불과 50m

도 안 됐다. 그 식당에서 밥을 먹으면 인근에서 가장 저렴한 식당을 찾는 자신의 모습을 같은 건물에 거주하는 모든 이들이 알게 된다.

대로변에서 저가 메뉴를 무기로 승부하려면 아예 콩나물국밥처럼 원래 낮은 가격대로 공인된 메뉴를 선택했어야 한다. 실제로 콩나물국밥 식당 하나는 뉴타운 내 오피스텔 밀집지에서 번성 중이다. 그곳 고객들은 콩나물국밥이 먹고 싶어서 가는 것이지, 저렴해서 간다고 생각하지 않는다.

배달앱에서도 마찬가지다. 저렴한 가격대 메뉴들을 전면에 내세우면 높은 최소주문금액이 거스르고, 그래서 최소주문금액도 낮추게 되면 배달비가 상대적으로 세 보인다. 이럴 땐 위의 오프라인 콩나물국밥처럼 메뉴의 개념적 접근을 달리하는 아이디어가 있으면 도움이 된다.

또한 업주가 가지는 최소주문금액의 혜택을 소비자들도 나눠 가질 수 있는 전향적인 접근도 필요하다. 필자의 식당도 최근[30]에 일부 메뉴의 옵션으로 5,200원 순두부찌개를 반으로 잘라 2,800원 순두부찌개를 출시했고, 청국장찌개도 2,400원의 미니청국장찌개를 따로 올렸다. 고객들은 최소주문금액 내에서 여러 가지 찌개들을 선택할 수 있기 때문에 환영하는 입장이

---

30 2020년 11월부터.

라이더 없는 배달음식점을 창업했습니다

다. 이처럼 배달 업소들도 최소주문금액 제도가 소비자에게도 혜택이 가는 방향으로 사고를 전환할 필요가 있다.

최소주문금액은 소비자에게 상대적으로 예민한 부분이기 때문에 메뉴 구성에서 신중을 기해야 한다. 8,000원 최소주문금액에서 마진이 50%면 4,000원이지만, 16,000원 최소주문금액에서 마진이 50%면 8,000원이다. 16,000원 최소주문금액을 설정한 업주는 콜라 한 병을 서비스하는 데 부담이 없지만, 8,000원 최소주문금액을 설정한 업주는 고객이 요청한 젓가락 숫자에도 예민해지기 마련이다.

이처럼 배달앱에서 낮은 가격은 최소주문금액과의 연계성을 따져 살피는 게 좋다. 가급적 판매하는 메뉴의 가격을 낮게 책정해도 처음 설정한 최소주문금액은 낮추지 않는 아이디어로 접근하는 게 현명하다.

월식은 고민해야 한다

배달앱으로 가장 큰 단점이 월식 고객을 잡기 어렵다는 점이다. 월식을 찾는 곳 대부분은 몇 명 단위의 소규모 업장이다. 시내가 아니라면 주로 약국이나 개인병원 기타 종업원이 있는 가게들이 대상이다. 때로는 식당 한 곳을 선정해 20~30명의 점심을 해결하는 회사들도 꽤 있다.

그런데 소규모 인원으로 운영하는 배달앱 사업에서 월식은 어렵다. 우선 월식을 원하는 고객들은 회수용 그릇을 원한다. 일회용 그릇에 담겨 오면 점심을 먹고 남은 음식물 씨꺼기들을 처분하는 일이 보통 일이 아니기 때문이다. 그릇을 회수하려면 직영 배달이 아니고선 엄두가 나지 않는 일인 데다, 배달음식점에선 설거지와 관련한 인력 배치가 생각보다 쉽지 않다.

우리는 회수용 그릇이 없음에도 불구하고 몇몇 약국과 병원의 요청이 있어 수락했는데 곧 곤란한 문제가 생겼다. 배달 시간은 12시 30분, 1시, 1시 30분으로 분배됐는데 월식 배달로 연결된 총 1시간 30분은 물론 그 전의 약 1시간 정도까지 앱을 정지시켜야 했다. 배달의민족을 통해 들어오는 주문과 고정된 시간에 나가는 주문을 조화시키는 게 불가능했기 때문이다. 배달앱은 특성이 있는데 운영 중 일시 정지 시간이 길어지면 이후 배달이 눈에 띄게 줄어든다는 점이다. 월식에 대한 경험 없이 수락했다가 낭패를 본 경우다.

더군다나 월식으로 인해 배달앱 고객들의 주문을 차단하게 되니 기존 고객들에게서 불만이 생기고 그것은 곧 긍정적이지 않은 평가로 연결되어 전체 주문이 줄어들게 된다. 월식 배달을 하려면 아예 처음부터 승합차를 준비하고 속칭 함바집 개념으로 시작하는 게 좋다. 그 시장은 리뷰도 없고 친절하지 않아도 괜찮으며, 밥도 주는 대로 먹는 사람들의 세계다. 말만 잘하면 수금도 현금이고, 카드로 결제해도 일주일 혹은 한 달에 한 번이라 수수료 부담도 없다. 금액대가 조금 낮지만, 배달의민족 배달음식 전체 주문 금액보다 큰 시장 규모이다.

기껏 배달앱에 등록해 고객들과의 리뷰로 상호작용을 하는 업장을 만들어 놓곤, 월식하는 사무실 등을 우대하는 분위기가 일어나면 기존 배달앱 고객들에서 불만이 생길 수 있다는 것을 감안해야 한다. 우리 식당은 월식하는 동안은 물론, 월식을 끝내고도 매출을 회복하는 데 시간이 좀 필요했다.

맛집이 되고 싶다면

'자극적인 음식으로 가라'고 권할 수밖에 없는데, 누구나 쉽게 이해할 수 있는 경험을 소개한다. 필자는 보통 마트에서 판매하는 275㎖ 알루미늄 용기에 들어 있는 라떼를 박스로 들여놓고 먹었다. 많이 단 게 흠이지만 우유와 조화를 이룬 에스프레소 특유의 맛과 향이 중독성을 일으켜 한동안 먹지 않으면 생각이 난다. 한 몇 년 그렇게 습관처럼 먹었는데, 어느 날 편의점에서 우연히 흑당라떼를 마시게 됐다.

그 맛은 별천지였다. 몇 번의 흑당라떼 경험 후 아무 생각 없이 기존 라떼를 마셨는데, 도대체 이게 무슨 맛인지 알 수 없었다. 나 자신도 놀라서 알루미늄 용기에 붙은 라벨을 다시 들여다보기까지 했다. 아마 라떼를 처음 먹었을 때도 기존의 원두커피에서 옮겨 오며 비슷한 경험이었을 것으로 추억됐다. 그로부터 몇 년이 지난 지금엔 라떼에서 처음 느꼈던 호감이 흑당라떼로 옮겨 왔다.

다른 집에서 흑당라떼를 팔고 있는데 나 혼자 기존의 표준라떼만을 팔고 있다면 그 카페 사업은 성공할 수 없다. 베이직한 원두커피도 향을 달리한 더치커피를 취급해야 존재 가치가 느껴지도록 세상의 맛은 변하고 있다.

스타벅스가 성장한 것을 단 한마디로 표현하면 '더 달게 만든 커피를 팔았다'로 압축된다. 자극적인 맛의 개념엔 '더 맵게'뿐 아니라 '더 달게'도 포함된다. 단맛도 그냥 단맛이 아니다. 그냥 소금만 넣으면 먹기가 민망한 커피도, 설탕 3스푼과 함께 넣으면 깊은 맛을 가진 커피로 변한다. 우리가 즐기는 커피믹스에도 약간의 소금을 첨가하면 색다른 맛이 만들어진다.

자장면이 우리나라에서 뿌리를 내리게 된 이유도 그 맛이 기존에 없던 자극적인 맛을 선보였기 때문이다. 자장면 이전의 우리나라 면 요리는 콩국수나 칼국수, 메밀국수, 냉면이다. 어떤 면 요리도 자장면이 주는 자극을 당해 내기 어려웠다. 자극적인 맛이기 때문에 인기를 끌었고 돈벌이가 됐다.

필자가 과거에 먹었던 멀건 설렁탕은 이제 찾아볼 수 없다. 지금 세상에 그렇게 허술한 설렁탕을 팔면 욕먹기 십상이다. 훨씬 진해졌다. 우리에게 친숙한 라면도 신라면을 시작으로 자극적인 맛을 대중화시키며 이젠 이름에도 '불닭'이란 용어가 들어가는 매운맛 끝판왕에 도달했다.

과거엔 종잇장처럼 얇게 저민 생선회가 일반적이었지만 지금은 두툼하게 저며야 제대로 된 생선회다. 역시 진한 맛을 원하기 때문이다. 옛날 김밥과 지금 김밥을 비교해 보면 그 내용물에서 큰 차이가 있다. 언감생심 김밥에 참치를 넣다니 그때 누가 상상이나 했겠는가.

필자가 알고 지내는 지인의 순댓국집은 항상 붐비는데 사실 들어가는 부속은 다른 곳과 똑같다. 그런데 그 집에선 국물 맛을 진하게 한다. 권역 내 위치한 도보 거리의 전통시장에도 다른 순댓국집이 있는데 그 집은 부속을 그득하게 담아 준다. 그렇지만 사람들은 부속의 양이 적어도 국물이 진한 순댓국집으로 더 몰린다.

부모로부터 물려받은 오래된 노포이거나 정말 음식을 맛있게 만드는 실력자가 아닌 초보자는 첫 번째 요건으로 자극적인 맛을 찾아야 한다. 느긋하게 고객을 기다리기엔 월세도, 연금도, 보험금도, 부모님께 효도도, 친구의 우정도 손에 잡히지 않는 신기루처럼 조금씩 멀어져 간다.

PART 5

배달앱의
생태계

지난봄 배달의민족이
정률제를 도입하기로 결정했을 때,
배달의민족 측 담당 매니저로부터 한 통의 전화를 받았다.
매니저는 확신에 찬 듯 기존 정액제 울트라콜을 해지하고
정률제로 갈아타는 것이 이익이라는 말을 힘주어 설명했다.
그렇지만 고개가 갸우뚱해지는 권유였고,
불과 한 달도 안 돼 배달의민족은
정률제로의 전환을 포기한다는 발표를 하게 됐다.

정액제와 정률제

배달의민족 1등의 비결

필자의 식당 기준으로 주문 숫자 대비 리뷰의 비율은 약 15%
수준이다. 배달의민족 입점 3년 동안 쿠폰 발행이나 리뷰 이벤
트도 하지 않았고 슈퍼리스트나 오픈리스트도 없이 깃발도 기
본 1개뿐이었던 것을 감안하면, 이 15%를 지극히 자연스러운
리뷰 수치로 볼 수 있다. 또한, 자기 주문에 의한 자작 리뷰도
제로였기 때문에 완벽한 데이터라고 볼 수 있다.

그런데 이 15%엔 단골고객의 반복 리뷰가 매우 높은 비율로
존재하는 것을 눈여겨볼 필요가 있다. 반복 리뷰는 재주문율을
말한다. 단골고객의 재주문율이 기본 매출을 올려 주기 때문에
판매자들은 다양한 이벤트나 쿠폰을 발행하는 등의 활동으로

재주문율을 높이기 위해 힘쓰고 덕분에 배달앱은 활화산처럼 끓어오르게 된다.

그래서 배달의민족 울트라콜처럼 매월 일정액을 내는 정액제 상품이 판매자에게 유리하고 결과석으론 배달의민족을 1등 플랫폼으로 만든 비결이다. 똑같은 활동으로 얻는 수익에서 정률제는 판매자의 부담 역시 비례해서 높아지지만, 정액제에선 판매자의 활동 수익 모두가 판매자의 추가이익으로 남는다. 결국, 판매자들은 온갖 아이디어를 짜내 정액제인 배달의민족으로 고객들이 모이게 만든다.

신규 사업자면 배달앱 내에서 자리를 잡기 전의 잠깐은 정률제가 유리하지만, 신규 사업자도 조만간 기존 사업자가 되기 때문에 정률제 수수료는 곧 큰 부담이 된다. 그래서 정률제를 채택한 쿠팡이츠 같은 신규 플랫폼사업자가 자신들에 귀속된 앱 생태계 구축을 위해 당분간 판매수수료 제로를 내걸고 음식점들을 모집하는 이유가 된다.

플랫폼사업자는 정률제 수수료 체계로 안착하게 되면 해마다 수수료율을 조금씩 올리는 것에만 신경 쓰면 되기 때문에 국가가 거둬들이는 부가세 10%보다 훨씬 편안한 장사가 된다. 주요 언론사 몇 곳에 광고비를 몰아주면 그들이 알아서 수수료를 올려 주는 세련된 자본주의 시장이기 때문이다.

국가의 부가세는 여러 가지 이유로 100% 싱크로율을 가지는

라이더 없는 배달음식점을 창업했습니다

게 불가능하지만, 배달앱의 정률제는 100% 싱크로율을 자랑한다. 왜냐하면, 배달앱이 먼저 돈을 거둬서 자기 몫을 떼고 돌려주기 때문이다. 2020년 초 배달의민족이 정액제에서 정률제로 수수료 체계를 개편하려던 시도가 불발된 것은 다행한 일이지만 우려는 여전하다.

정률제

플랫폼사업은 다른 이들의 능력과 노력을 자신의 기회로 삼는 중개업이기 때문에 사업 이익의 질이 건전하지 못하면 그만한 비판과 책임이 따르게 된다. 공인중개사들이 법에 정해진 수수료를 받는 것만으로도 많은 비난을 받고 있다는 것을 생각해 보면, 플랫폼사업자는 더욱 신중해야 한다.

서울시 기준 부동산 매매 시 수수료는 금액에 따라 0.4%~0.9% 수준이지만, 정률제 배달앱을 채택한 요기요의 배달앱 수수료율은 12.5%이고 뒤늦게 음식배달서비스를 시작한 쿠팡이츠는 15%를 표방하고 있다. 거래 단가에 차이가 크지만, 부동산을 평생에 한 번 혹은 두세 번 거래하는 기준으로 따지면 평생에 걸쳐 구매하는 음식의 가격도 그에 못지않다.

1인이 1일 7,000원의 식사를 50년 동안 배달시켜 먹는다면 총 금액이 127,750,000원이 된다. 이 금액에서 플랫폼사업자가 거둬들이는 수수료가 최저 12.5%인 경우 15,968,750원이고,

15%이면 19,162,500원이다. 싱가포르의 그랩푸드처럼 30%의 수수료를 뗀다면 38,325,000원이 된다.

여기에 배달비 3,000원을 50년 계산하면 54,750,000원이다. 배달비는 수수료율 안에 포함되기도 하지만, 판매자와 소비자가 반반 부담으로 계산하는 조건이면 판매자는 27,375,000원을 더 부담해야 한다. 여기에 12.5% 수수료를 더하면 43,343,750원이고, 15% 수수료를 더하면 46,537,500원이 된다.

그에 반해 많은 비난을 받는 부동산중개수수료는 127,000,000원 오피스텔을 매매했을 때 단지 635,000원이다. 두 번을 거래하면 1,270,000원이고 무려 20번을 거래했을 때도 12,700,000원에 그친다.

물론 여러 가지 경우의 수가 있고 배달앱이 50년 동안 현재의 지위를 유지할 수 있을지는 지켜봐야 할 부분이다. 하지만 배달앱의 수수료와 배달비용이 지금 수준의 시장으로 5년만 유지돼도 이를 대체할 또 다른 혁신기술과 아이디어가 출현할 것으로 생각된다. 기존 배달앱에 대한 판매자들의 피로도가 누적되면 네이버의 '간편주문'이나 다음카카오의 '카카오톡주문하기' 서비스가 공격적인 마케팅을 펼칠 수도 있다.

외국의 정률제

시선을 동남아시아로 돌려보면 싱가포르에 거점을 둔 정

률제의 그랩푸드 활약이 대단하다. 싱가포르 온라인 미디어 'Mothership'의 한 기사에 나온 그랩푸드의 수수료는 우리의 상상 밖이다. 기사는 '첸'이라는 음식점 주인의 이야기다.

첸은 그랩푸드를 통해 메뉴 가격 30싱달러[31]의 음식을 3싱달러 할인해 27싱달러에 판매했다고 한다. 그런데 고객에게 청구된 비용은 41.50싱달러이고, 그중 자신에게 돌아온 돈은 18.90싱달러라는 내용이다. 그랩푸드 입점 시 약정수수료가 30%이기 때문에 벌어진 일이다. 고객에게 청구된 총금액 41.50싱달러에서 22.60싱달러가 수수료와 배달비였고 이는 총비용의 54.5%에 해당한다.

싱가포르에 거주하는 한 교민은 인터넷 커뮤니티 공간에 다음과 같은 글을 남겼다. 식당에서 먹으면 40싱달러인 족발이, 그랩푸드를 통해 배달로 주문하면 무료배달 표찰과 함께 60싱달러를 부담해야 한다는 내용이다. 매장에서 먹을 때와 비교해 무려 20싱달러(원화 약 17,000원)를 더 부담한다.

싱가포르의 그랩푸드가 이렇게 폭리를 취할 수 있는 것은 그랩의 최초 사업인 승차공유서비스[32] 그랩택시, 그랩카가 성공

---

31 싱달러는 싱가포르의 화폐단위 싱가포르달러(S$)를 싱가포르 내에서 발음하는 방식이다. 더 줄여서 '싱달'이라고도 한다. 한편 싱가포르달러의 국제코드는 SGD이다.
32 승차공유서비스는 모바일 애플리케이션을 통해 차량의 운전자에게 승객을 연결해 주는 서비스를 말한다. 미국의 우버와 그랩이 대표적인 사례다. 많은 사례에서 차량공유서비스와 혼용되기도 하는데 차량공유서비스는 한국의 '쏘카'와 같은 렌터카의 형식으로, 지정된 운전자 없이 한 대의 차량을 여럿이 이용하는 서비스다.

할 수 있던 배경과 무관하지 않다. 싱가포르 정부는 좁은 국토에 증가하는 차량의 문제가 심각해지자 승용차 구매에 막대한 세금을 물리는 강력한 승용차 소유 억제 정책을 폈다.

한국의 국민차 소나타도 싱가포르에선 원화로 1억 원 정도에 판매되고, 보유세는 폭탄 수준에 모든 도로는 유료다. 싱가포르의 이런 정책들 덕에 그랩카의 승차공유서비스는 자동차를 보유하기 어려운 서민들의 현실적인 대안으로 인식됐고, 이를 통해 정부의 정책적 지원까지 끌어내며 대중적인 지지를 쉽게 얻어 낼 수 있었다.

그랩은 이런 환경을 기회로 삼아 일정한 횟수 이상 그랩카를 이용하는 고객들에게 마일리지를 부여해 대형마트나 그랩푸드 이용 시 할인 서비스를 제공하는 등의 강력한 그랩친화형 서비스망을 구축했다.

2020년 9월 현재 배달의민족 월 주문 건수는 약 5,000만 건이다. 필자의 식당 2019년 1회 평균 주문금액 19,000원을 기준으로 하면 월 9천5백억 원으로 1조 원에 조금 못 미치는 금액인데, 실제로는 1조 원을 상회하는 수준으로 파악된다. 만약 정률제로 바뀌고 수수료율이 요기요를 기준으로 12.5%가 되면 월 1천2백5십억 원(연간 약 1조5천억 원)이 플랫폼사업자의 주머니로 들어가게 된다.

미국도 배달앱 수수료가 많게는 30%까지 치솟아 일부 주에선 수수료율을 15~20%로 제한하는 입법이 추진 중이거나 시행되고 있다. 미국의 대표적인 음식배달앱인 도어대시의 경우 사업자에겐 20%에 달하는 배달앱 수수료를 받고, 소비자에겐 월 9.9달러 회원권인 도어패스를 판매한다. 도어패스 구매자는 최소주문금액 12달러 이상일 때 배달비를 면제받는다. 한국도 정률제 시장이 된다면 이처럼 미국이나 싱가포르와 같은 수준으로 가지 않는다는 보장이 없다.

왜 정액제여야 하는가

그런데 어떤 방식으로 가든 이는 결국 소비자가 부담하는 금액이다. 하지만 미국의 배달앱은 오프라인 식당에서 식사를 마친 후 계산하는 15~20%의 팁을 대체하는 효과가 있어, 배달앱 주문에서 약간의 음식 가격 상승은 큰 부담으로 연결되지 않는다. 싱가포르도 좁은 국토에서의 정책적 약점을 그랩카가 일정 부분 담당하는 공익적인 성격이 밑바탕에서 작용해 한국과는 다른 환경이다.

또한, 2019년 기준으로 미국의 GDP가 65,000달러, 싱가포르의 GDP는 64,000달러지만, 우리나라는 31,000달러인 점도 살펴볼 필요가 있다. 즉 배달앱의 수수료 체계에서 한국과 미국, 싱가포르는 태생적으로 다른 출발, 다른 환경을 보여 준다.

결과는 미국식 정률제를 고수한 요기요보단 한국형 정액제를 선택한 배달의민족이 더 크게 성장할 수 있었던 것으로 이미 구별된다. 음식 가격 외 팁 문화가 없는 한국의 문화에서 10%가 넘는 정률제 수수료율은 심히 어긋난 계산법이 아닐 수 없다.

필자의 식낭 2019년 배달의민족 매출 105,000,000원을 기준으로 할 때, 요기요의 12.5% 수수료율이라면 13,125,000원을 빼앗기고, 30% 수수료의 그랩이었다면 31,500,000원을 강탈당하게 된다. 하지만 정액제인 배달의민족에서 필자가 부담한 금액은 약 1,056,000원으로 비율로 보면 약 1%다. 이 금액은 앞에서 소개했던 서울시 부동산수수료 최고 상한이었을 때와 비슷한 수준이다.

이게 바로 요기요를 운영하는 독일의 딜리버리히어로가 1위 업체인 배달의민족을 인수하게 된 배경이다. 상식적으론 월등한 1위 업체인 배달의민족이 요기요를 인수하는 그림이 나와야 했지만, 정률제와 정액제의 싸움으로 놓고 볼 때 정률제 서비스로선 정액제 서비스를 아예 없애는 판단이 장단기적으로 모두 이익인 셈이다. 자극적으로 얘기한다면 배달의민족을 인수해서 그냥 파산시키기만 해도 최종적으론 성공한 거래가 된다.

한편 우리 내부적으론 독일의 딜리버리히어로가 배달의민족을 인수하게 된 또 다른 환경적 요인이 있었다.

배달의민족 매각은 승리이자 종말인 게임

주목받는 별점 장사

배달앱에 의지한 음식점에서 리뷰는 저울 없는 판결문이다. 때로는 식당의 활력이 되기도 하고 때로는 침체를 유발하는 독소가 되기도 한다. 장단점 모두 존재하지만, 고객과 소통하는 통로인 것은 분명하다. 리뷰에서 계기가 만들어져 메뉴를 변경하기도 하고 맛이 바뀌기도 하는 것은 좋은 예가 된다.

주문고객 중 리뷰 작성을 통한 평가 활동에 참여하는 비율은 전체의 10%를 상회하는 수준이지만, 눈에 보이는 수단이라는 점에서 리뷰의 영향력은 거의 절대적이다. 사회 발전의 고도화에 따른 법치주의의 압박과 각종 규제 간섭의 공해에 갇혀 살아가는 현대사회에서, 합법적으로 누군가를 평가할 수 있는 권리를 갖는다는 것은 엄청난 일이다.

리뷰에 직접 참여하지 않는 다수도, 다른 이들의 활동을 통해 맛과 성격의 경험을 공유받는 특별한 세계가 펼쳐져 있다. 이렇게 리뷰와 별점은 단지 편안함을 구매한다는 설명만으론 부족한 뭔가를 채워 주는 요소로 작용하고 있다. 쿠폰이나 이벤트는 흔한 물질적 유혹이지만 리뷰와 별점은 현대인에게 부족한 이타적 감성을 자극하거나 배척의 자유를 누릴 수 있게 한다.

배달앱을 이용하는 음식점들이 일단 입점을 한 후엔 그 플랫폼 안에서 손댈 수 있는 부분이 메뉴와 공지 사항뿐이라는 것을 곧 알게 된다. 달리 표현해서 그 안에서 고객을 유인하기 위해 할 수 있는 일이라곤 메뉴에서의 차별화와 리뷰 이벤트 내용을 작성하는 것뿐이다. 배달의민족에선 이 부분을 활성화하는 전략으로 '맛집 랭킹' 카테고리를 등장시켰다.

SBS의 〈골목식당〉도 사람들의 관심을 끌 수 있는 요체가 바로 '식당 평가' 기능에 있다. 그냥 몸개그를 곁들여 맛있게 먹기만 하는 프로그램들도 방송국마다 인기를 끌고 있지만, 곧 잊힌다. 그 프로그램이 시청자들을 끌어들이는 비결은 음식의 맛보다는 누군가를 꾸짖고 야유하고 칭찬하거나 측은지심을 공유하는 데서 대리만족을 얻는 기회를 주기 때문이다. 그런 사례에서 가장 성공한 인물이 "당신 해고야!"를 외치던 도널드 트럼프이고, 그의 등장으로 전 세계의 우려를 사던 미국은 2020년 대통령선거에서 민주주의의 위기를 보여 주기도 했다.

싱가포르의 그랩도 출발은 '그랩카'라는 승차공유서비스였지만 지금은 그랩푸드(음식배달앱), 그랩페이(요금충전결제서비스), 그랩바이크(오토바이이동서비스), 그랩펫(애완동물 이동서비스) 등으로 계속 영역을 확장하고 있다. 그런데 그랩이 이렇게 성장하는 데는 싱가포르의 정책적 지원 외 가장 큰 역할이 서비스에 대한 별점 평가 기능이었다.

라이더 없는 배달음식점을 창업했습니다

프랑스의 타이어제조업체 미쉐린은 미쉐린 가이드[33]라는 식당 평가 서적에서 자신들이 선정한 식당들을 별점으로 평가하는데, 이 역사는 꽤 오래되어 별점 장사의 원조로 알려져 있다. 미쉐린 가이드에서 별점이 조금 다른 점은 배달앱처럼 소비자의 공개된 리뷰 평가가 아닌 전문가그룹의 잠행 방문 평가를 기본으로 한 폐쇄적인 방식이라는 점이다. 간혹 이런 식의 비밀스러운 등재 기준으로 뒷돈 거래 의혹과 같은 뉴스가 나오기도 한다.

2017년 미쉐린 가이드의 한국-서울 초판 등장과 함께 모든 매체가 식당 평가를 화제로 삼아 기사를 만들기 시작했다. 그 전까지는 KBS의 20년 장수 프로그램인 〈6시내고향〉 같은 곳에서 전국의 맛집을 구수한 입담으로 탐방하는 형식이었지만, 미쉐린 가이드의 별점 평가가 국내에 소개된 이후부턴 특정 음식점을 공격적으로 암행 평가하는 방식이 인기를 끌고 있다.

이런 분위기는 그렇지 않아도 인기를 끌던 브이로거[34]들의 먹

---

33 미쉐린 가이드(Michelin Guide)는 영미권에서 미슐랭가이드로 불리는데 최근 한국도 영미식 표현을 따르는 추세다. 한국관광공사와 한식재단이 미쉐린 가이드 서울 편 발간을 위해 20억 원의 예산을 반영했다는 사실이 2017년 국감에서 밝혀졌다. 즉 미쉐린 가이드 한국판의 탄생은 한국 정부가 댄 뒷돈으로 미쉐린 측에서 한국의 식당들을 방문해 평가한 책자인데, 원래 관심이 없던 한국에서 어떤 식당을 방문할지에 대한 정보를 어떻게 취득했는지는 알려진 게 없다.
34 브이로거(V-logger)는 브이로그(vlog) 활동을 하는 사람을 말한다. 브이로그(vlog)는 기존의 텍스트형 블로그를 대신해 영상으로 어떤 기록을 남기는 방식을 말한다. 유튜브 콘텐츠가 일상화되면서 널리 사용되기 시작한 용어이며 대체로 자신의 일상이나 음식점 탐방 같은 특정 주제의 영상을 직접 제작해 배포하고 공유하는 형태다.

방 열풍이 공중파 프로그램의 인기를 잠식할 정도로 성장하는 계기로 발전하기도 했고, 식당을 별점으로 평가하는 방식을 일반화하는 계기로도 이어졌다. 하지만 일반인들이 접근할 수 있는 별점의 세계는 미쉐린 가이드에 소개된 우아한 식당이 아닌, 토종을 내세운 ㈜우아한형제들이 운영하는 배달음식 플랫폼 '배달의민족'에 입점한 업체들이었다.

기존 음식 가격에 몇 푼의 배달비만 부담하면 누구나 음식전문가가 되어 마땅한 판결 후 응징과 칭찬을 주관할 수 있는 1인칭 중심의 세상이 열린 것이다. 덕분에 그전까지도 큰 폭의 성장세를 보이던 배달앱의 성장에 가속도가 붙기 시작했다. 3년 전까지만 해도 배달의민족 입점을 권유받는 처지에 있던 음식점들이 지금에선 내 점포를 빨리 입점시켜 달라는 요구를 앞세우는 상황이다. 덕분에 불과 3년 만에 고객과 입점 업체들의 민원 처리가 배달의민족 주요 업무로 바뀌었다.

변화를 내 것으로 만든 배달의민족 인수

글로벌기업 딜리버리히어로로의 눈엔 이런 시장 상황이 답답했을 것이다. 분명 시장은 확장되고 있는데 그 혜택이 배달의민족 한곳으로만 집중되고 있었기 때문이다. 하지만 음식점을 운영하는 판매자로서 접촉했던 요기요는 정률제 수수료의 문제뿐아니라 매우 경직된 운영과 불편한 앱 환경이었다. 약간의 과

라이더 없는 배달음식점을 창업했습니다

장을 보태면, 요기요에서 사업이 성공한다면 요기요를 상대하는 직원을 하나 별도로 둬야 할 정도다.

거기에 더해 요기요는 일반 자영업자와 프랜차이즈에 각기 다른 수수료율을 적용하고 있다. 일반 자영업자들에겐 12.5%의 수수료를 요구하면서 프랜차이즈 업체들에선 7.7%의 수수료만을 받는다. 한마디로 요기요를 운영하는 딜리버리히어로의 승자 독식 논리가 그대로 배어 있는 운영 방식이다.

이번에 배달의민족 인수가 실패로 끝나더라도, 딜리버리히어로 측은 배달의민족 운영의 노하우를 상당 부분 공부한 후 빠져나가게 되어 손실이 없을 것으로 보인다. 반대로 인수가 성공적으로 마무리되어 한국 내 배달앱의 독점이 가능해지면 ㈜우아한형제들이 매각되는 형식이기 때문에 요기요의 정률제 수수료가 배달의민족 정액제를 밀어내고 안착할 가능성이 커진다.

그렇게 되면 머지않은 시점에 수수료가 싱가포르처럼 30%까지 올라갈 수도 있다. 현재도 요기요의 12.5% 수수료는 외부결제수수료와 해당 부가세를 포함 최종적으로 17%가 넘는 비용을 판매자에게 부담한다. 1만 원 음식이면 요기요 측에서 1,700원을 떼고 8,300원을 돌려주는데, 판매자는 그 8,300원 안에서 배달비용을 다시 정산해야 한다. 싱가포르의 30% 수수료가 결코 먼 훗날의 이야기라고 볼 수 없다.

싱가포르를 기준으로 한다면 2020년 9월 기준으로 1조 원을 상회하는 배달의민족 주문금액 중 3천억 원이 딜리버리히어로의 몫이 되는 셈이다. 1년이면 3조6천억 원이 수수료인 셈이고, 배달의민족을 인수하는 데 사용한 40억 달러(4조6천억 원)는 껌값에 불과하다. 게다가 요기요와 배달통에서 나오는 수익이 합쳐지면 딜리버리히어로가 한국 시장에서 벌어들이는 수수료 총액은 천문학적 스케일이 된다.

결국, 이런 내용 전체가 의미하는 것은 배달의민족이 시장을 장악하게 만든 비결인 정액제에서의 판매자 활동 증가와 그에 상응하는 리뷰와 별점이, 단지 음식점을 평가하는 외 더 큰 세계에서의 변혁을 위한 기술적 메커니즘이 됐다는 점이다. 표면상 독일의 딜리버리히어로는 이렇게 축적된 빅데이터 기반 시장의 큰 흐름을 읽어 배팅했고, 배달의민족을 운영하던 ㈜우아한형제들은 40억 달러라는 표시 금액을 천문학적 성공으로 여겨 넙죽 받아들인 그림으로 보인다.

이 거래에서 의아한 점은 요기요가 정액제를 도입해 배달의민족과 경쟁을 선언했다면, 훨씬 유리한 조건으로 인수할 수도 있었다는 점이다. 그랬다면 당시 시점인 2019년의 상황에서 배달의민족 가치는 상당 폭 절하될 수밖에 없었고, 다른 플랫폼 사업자들의 등장도 위협적으로 인식될 수 있어 오히려 배달의민족에서 피인수를 희망하는 결과도 예측할 수 있었다.

그렇지만 딜리버리히어로는 같은 정액제 경쟁으로 배달의민

라이더 없는 배달음식점을 창업했습니다

족을 흡수하기보단 정액제를 없애는 결정이 40억 달러보다 큰 가치였다는 판단을 한 것이라고 볼 수 있다. 그들이 배달의민족 인수를 한참 논의하던 시점에 쿠팡이츠가 소프트뱅크의 자금력을 등에 업고 매우 공격적인 마케팅을 펼치고 있었지만, 요기요는 쿠팡이츠는 안중에도 없이 오직 배달의민족에만 꽂혀 있었다. 딜리버리히어로의 시각으로 같은 정률제의 후발주자 쿠팡이츠는 자신들의 적수가 되지 못한다는 판단이었다고 봐야 한다.

인수 금액의 복선

배달의민족 인수 금액 40억 달러는 시장을 놀래키기에 충분했다. 그들 역시 시장 반응에 놀라 변명을 꺼냈는데, 그 내용이 동남아 시장에 함께 진출하기 위한 큰 그림에서 40억 달러를 지불한다는 설명이지만 좀처럼 납득되지 않는 내용이다.

배달의민족 매각 내용을 냉정한 관점에서 본다면, 딜리버리히어로 측은 ㈜우아한형제들의 기업 가치를 최대한 높여서 인수했을 때 더 큰 걸 얻을 수 있었다고 판단했다는 게 합리적인 추론이다. 그걸 뒷받침하는 내용은 즉시 나타났다. 딜리버리히어로가 배달의민족 인수 발표 후 약 20% 이상의 주가 상승이 있었고 딜리버리히어로의 최대 투자자인 내스퍼스 주가 역시 큰 폭으로 상승한 점이다. 만약 배달의민족 인수가가 10억 달러였다면 딜리버리히어로나 내스퍼스의 주가 상승도 그만큼에 한 정됐을 것이다.

딜리버리히어로 측은 주가 상승으로 이미 배달의민족 인수 금액을 회수한 효과로 이어졌다. 노골적으로 표현해 배달의민 족은 거저 얻은 것이나 마찬가지고 필요에 의해선 배달의민족 을 배달통처럼 만들어도 부담이 없다. 키울 때는 판매자들의 오랜 기간 왕성한 활동이 핵심이었지만, 무너뜨릴 땐 소비자들 이 등을 돌리도록 하는 것이기 때문에 더 쉽다.

배달의민족을 도태시킨다는 말이 황당할 수도 있지만 이미 배달통과 요기요 중 요기요를 확장하고 배달통은 도태시키는 전략에서 충분히 예측할 수 있다. 기껏 돈을 주고 인수한 회사 를 되는 대로 내버려 두는 것은 정상적인 경영이 아니다. 최근 몇 년 새 필자를 포함한 주변의 어느 누구도 배달통에 입점하라 는 배달통 영업맨을 만난 적도 없고 배달통에서 전화가 걸려온 적도 없다.

그렇지만 요기요나 쿠팡이츠에선 계속 전화가 온다. 딜리버 리히어로는 배달통을 더 확장하지도 않으면서 매각할 생각도 전혀 없다. 그것은 기업의 정상적인 경영이 아니다. 딜리버리 히어로의 시각에선 배달통을 발전시키지 않고 되는 대로 내버 려 둬 자연스럽게 도태시키는 전략이 최종적인 승리를 거머쥐 는 진짜 경영이었기에 가능한 일이다.

라이더 없는 배달음식점을 창업했습니다

같은 시각에서 딜리버리히어로가 배달의민족, 요기요, 배달통의 3개 회사 시스템과 인력을 각각 독립된 상태로 계속 유지하는 것은 있을 수 없는 경영 전략이다. 이걸 하나로 합치면 인력 수요가 절반 이하로 줄어들게 되는데 바보가 아니고선 당연히 손대게 된다.

전 세계에서 유일하게 정액제로 우뚝 선 회사를 없애고 나면 진정한 배달 영웅이 출현하게 되는 그림이다. 배달의민족이 사라지면 다음에 단군의자손이 나온들 사람들은 믿지 않게 된다. 한국 정부가 20억의 뒷돈을 들여 도입한 음식점 별점 평가 관행이 최종적으로 얼마의 가치로 귀결될지 궁금해진다.

음식배달앱의 미래

음식배달앱 세계의 자본 흐름

㈜우아한형제들은 2019년 진출한 베트남에서 'BAEMAIN'이란 브랜드로 그랩과 한판 승부를 벌이고 있다. 하지만 그랩의 투자자[35]엔 한국의 사모펀드도 있고 네이버, SK그룹, 현대기아

---

35 2020년 9월 한국의 사모펀드 스틱인베스트먼트가 2억 달러를 투자했고, 일본의 투자자들도 연초에 8억5천만 달러 규모의 투자를 집행했다. 손정의의 소프트뱅크는 이미 그랩의 최대 투자자 중 하나다.

차도 있다. 삼성전자와 그랩은 아예 전략적 제휴 관계를 맺고 있다. 그렇다고 ㈜우아한형제들이 네이버, SK그룹, 현대기아차, 삼성전자와 싸운다고 말하는 사람은 없지만, 'BAEMAIN'이 동남아에서 패배했을 때 이들 투자자의 이익은 커진다.

하지만 그 반대의 경우라 해도 그랩의 투자자들이 손해 보기는 힘들 정도로 여러 성격의 자금들이 배달앱 시장에 쏠려 있다. 만약 시장 상황이 백중세라면 한쪽이 한쪽을 흡수하는 그들 사이의 신사적인 거래가 예정되어 있다. 투자자들은 백중세가 유지될 만큼의 자금을 지원하면 되고 운용사는 투자자들이 계속 관심을 가지도록 그들의 빅데이터에 쌓일 뉴스를 생산한다. 최종적으론 동남아시아에 함께 진출한다는 포부가 공개된 'BAEMIN'이 그랩의 베트남사업을 인수할 가능성이 점쳐진다.

한편 ㈜우아한형제들의 주요 투자자였던 힐하우스캐피탈은 그랩에게도 주요 투자자가 되어 있다. 그런데 이 힐하우스캐피탈은 중국 베이징에 본사를 둔 중국의 자산관리기업이지만, 이 회사의 종잣돈은 미국에서 나왔다. 이번 배달의민족 매각으로 상당한 이익을 얻게 된 힐하우스캐피탈은 네이버와 함께 여전히 그랩의 주요 투자자다. 또한, 배달의민족 투자 구성원이었던 미국의 골드만삭스는 손정의의 비전펀드를 통한 그랩의 투자자이기도 하다.

배달의민족 매각으로 표시된 금액 40억 달러는 위의 간단한

라이더 없는 배달음식점을 창업했습니다

사례만으로도, 각각의 투자 주체들이 거미줄처럼 얽힌 이해관계에서의 첨예한 계산 결과임을 짐작하게 한다. 이런 구조에서 금액 자체만으로 어떤 판단을 하는 것은 심각한 오판을 만들 수 있다. 그들 중 누가 배달의민족 기업 가치를 최대로 뻥튀기시킨 거래를 하도록 조정했는지가 앞으로의 한국 배달앱 시장 흐름을 좌우한다고 볼 수 있다.

최근 중국의 부동산중개회사 베이커자오팡이 미국 정부의 대중국 압박 속에서도 뉴욕증권거래소에 상장하게 된 배경엔 투자자들의 요구가 있었던 것으로 알려져 있다. 그 투자자엔 앞서 배달의민족과 그랩에 투자한 힐하우스캐피탈도 있다. 이처럼 유니콘급 스타트업 기업의 피인수에서 기본적인 경영 원칙을 벗어난 부분들은 막후 세력의 요구가 반영된 내용으로 해석하면 이해가 쉽다.

이런 내용을 조금 더 구체적으로 설명하면 위의 힐하우스캐피탈 같은 자산관리기업들은 천문학적인 자금을 운용하지만 그 자금의 투자자들 실체가 쉽게 드러나지 않도록 자기 자신은 비상장으로 운영하고, 자신들이 투자한 회사들은 상장이나 매각, 합병 등을 배후에서 압박해 수익을 올리는 투자 운용 방식을 가진다.

손마사요시(손정의)가 소프트뱅크의 상장 철회를 회사의 최대 목표 중 하나로 삼고 있는 것도 이런 이유 때문이다. 겨우 음식점 주인인 필자도 스프트뱅크의 비전펀드 내 골드막삭스 자금이 그랩에 투자되는 것을 알 수 있지만, 비상장회사 힐하우스의 펀드에 참여한 이들을 알기는 좀처럼 어렵다.

딜리버리히어로는 혼자가 아니다

이번 배달의민족 매각에서 표면적으론 딜리버리히어로가 ㈜우아한형제들을 인수했지만, 딜리버리히어로가 이런 결정에 이르게 된 것은 딜리버리히어로의 최대 투자자인 남아공의 내스퍼스가 추구하는 전 세계 푸드 딜리버리 시장 장악의 야심찬 기획 일환이라고 볼 수 있다. 내스퍼스그룹은 인도 1위 음식배달앱 스위기와 남미의 브라질 음식배달앱 아이푸드, 동남아의 음식배달앱 푸드판다, 중국의 종합 딜리버리 서비스 메이투안 디엔핑(美團點評)의 최대 투자자 지위를 가지고 있다.

딜리버리히어로가 배달의민족 인수를 성사시키는 같은 시기, 내스퍼스는 유럽 내 자회사인 프로서스를 내세워 영국의 음식배달앱인 저스트잍을 인수하기 위해 67억 달러를 제시했다. 그렇지만 저스트잍은 네덜란드의 테이크어웨이닷컴과 합병해 '저스트잍테이크어웨이닷컴'이 됐고, 불과 반년 만인 2020년 6월에 미국의 그립허브를 73억 달러에 인수한다는 발표를 했다. 미국 당국의 심사를 거친 2021년 최종 승인될 전망이다.

아시아 시장에서 딜리버리히어로와 ㈜우아한형제들 연합의

라이더 없는 배달음식점을 창업했습니다

최대 경쟁자인 그랩의 최대투자자는 일본의 손마사요시가 이끄는 소프트뱅크다. 소프트뱅크는 한국의 쿠팡에 30억 달러를 투자한 최대 투자자로 역시 쿠팡이츠를 통해 한국의 음식배달시장에도 뛰어들었다. 재미있는 것은 쿠팡 역시 위에서 예를 들었던 중국의 베이커자오팡처럼 단 한 번도 흑자를 내 보지 못한 기업이라는 점이다. 2020년 9월 기준 쿠팡의 누적 적자는 약 4조 원으로, 이는 배달의민족이 딜리버리히어로에 매각된 금액에 조금 못 미치는 수준이다.

현재의 배달앱 시장은 결국 이들 투자 세력의 미래 수익률 게임에 따라 움직이는 장난감 병정들의 놀음인 셈이다. 라이더들에게 프로모션으로 뜻밖의 큰 금액이 배당되거나 고객들에게 고액의 무료 쿠폰이 뿌려지는 것도, 배달앱 생태계 자체를 확장해야 하는 투자자들의 이해에 부합했기 때문이다. 이번 배달의민족 매각에서 드러난 것처럼 4억 달러의 미끼를 뿌리면 40억 달러가 되는 전형적인 머니게임의 시장이다. 배달의민족을 운영하던 ㈜우아한형제들의 전체 지분에서 87%가 다국적자본이었고 그들의 일부는 경쟁 기업들의 중복투자자였다는 사실이 이를 뒷받침한다.

다행히 배달의민족은 수익이 발생하는 기업이었지만, 앞서 예를 든 중국의 부동산중개기업 베이커자오팡은 쿠팡처럼 창사 이래 단 한 번의 이익을 낸 적이 없어도 몸값은 계속 커지고 있다. 자산관리기업들은 투자자들의 투자금이 부족하면 기업 공개를 통해 자금을 수혈하고, 적당한 시점이 되면 일부나 전체를 매각하게 된다. 수익이 마이너스인 베이커자오팡의 기업 가치는 현재 100억 달러지만, 이렇게 기업 가치를 평가하는 주체들이 수익을 얻는 과정은 베일 속의 영역이다.

마치 미쉐린 가이드가 별점 식당들을 선정하는 기준에 폐쇄적인 결정 시스템을 고수하는 것처럼 말이다. 방문한 식당보다 방문하지 않은 식당이 더 많은 그런 우스꽝스러운 기준에서 나온 가이드북을, 최고의 가치로 만들어 주는 매체들에게 어떤 스타트업 기업의 가치가 100억 달러인 뉴스는 좋은 공생 관계를 가진다.

1인칭 세상에서 음식배달은 거스를 수 없는 미래다

북한 소식을 전하는 최근 기사에 "북한도 코로나19로 음식배달업 성행"이라는 제목을 본 기억이 있다. 정통 공산주의적 가치를 유지하는 북한에서도 음식배달업이 있다는 사실이 그저 놀라울 따름이다. 그만큼 음식배달업은 인류사적 중대 변화의 단면을 설명하는 요소가 되고 있다. 스마트폰의 최대 수혜자로서 배달앱을 꼽는 데 부족함이 없다.

하지만 위에서 소개했던 싱가포르의 자영업자 '첸'씨 사연처럼 27싱달러의 음식을 팔아 18.90싱달러만을 챙기는 배달앱 생태계는 지속 가능성에서 의심을 받을 수밖에 없다. 판매자로선 날아간 30%를 자기 비용으로 메꾸거나 음식의 가격을 올려야 한다. 예전엔 없던 매출이 발생하는 것이라는 꾐에 넘어갈 수도 있지만, 그 거짓말은 곧 현실로 이어져 궁핍한 자영업자의 말로를 경험하기도 한다.

배달의민족을 운영하는 ㈜우아한형제들 같은 스타트업[36] 회사를 유니콘 데카콘 헥토콘[37]으로 만드는 과정에서 창업자의 역할은 초기의 열정에 그친다. 한 번 공개된 모델은 후발주자들이 따라붙게 되고 이는 결국 머니게임으로 바뀌기 때문이다. 음식 배달앱 사업에선 그 과정에 핵심적인 요소로 자영업 음식점이 있고, 그 음식점들의 희생이 바탕으로 작용해야 성장할 수 있는 구조적 병폐가 함께한다.

A라는 플랫폼보단 B라는 플랫폼을 이용했을 때 손실이 줄어든다는 내용이 음식점들을 위안하고 있지만, 실상은 그 A와 B 모두를 한두 기업이 운영하고 있어 음식점들은 부처님 손바닥 위 조삼모사의 원숭이 역할이 되는 셈이다. 그렇다고 이제 배달앱을 외면하기는 어렵다. 이미 배달앱의 생태계에 100% 의

---

36 스타트업(start-up) 회사는 혁신기술과 아이디어를 보유한 신생 기업을 말하는데, 고위험·고성장·고수익을 동반한다.

37 유니콘(Unicorn) 기업은 회사 가치가 10억 달러(한국 시장에선 1조 원으로 대신한다) 이상인 스타트업 기업을 말한다. 데카콘(Decacorn) 기업은 회사 가치가 100억 달러 (10조 원) 이상인 스타트업 기업을 말한다. 헥토콘(Hectorcorn) 기업은 회사의 가치가 1,000억 달러 이상인 스타트업을 말한다.

지한 음식점 형태도 늘어나고 있기 때문이다.

이런 머니게임의 장에서 장기판의 졸 역할도 안 되는 우리 자영업자들이 할 수 있는 것은 별로 없다. 거대 글로벌 자본의 파워는 국가가 스스로 채운 족쇄로 인해 함부로 건드리지 못하기 때문이다. 그렇지만 내용은 분명히 알아야 힘을 모을 수 있다.

과거 우리의 선배들은 오늘은 신탁통치 반대, 내일은 신탁통치 찬성이라는 실수를 저질렀다. 일부만이 정보를 독점했기 때문에 벌어진 일이었고, 그때의 실수는 지금까지 이어지고 있다. 국가의 성장 동력은 계속 추락하고 있지만, 대륙에 연결된 분단의 섬나라 배달의 민족에선 오늘도 혁신이란 이름의 순두부찌개를 만들고 있다.

PART 6

작지만
중요한 팁

20여 년 전 일이다. 어떤 유명 인사의
강연회에 갔는데 참석자 대부분이 여성이었다.
남자라곤 10명에 1명꼴이나 되는지 앉을 자리를 찾는 것도
민망하고, 어렵게 한 자리 찾아 엉덩이를 붙였지만,
강연 내용은 왜 그렇게 낯설었는지. 그 낯섦의 비밀은
집으로 돌아온 한참 후에야 깨달을 수 있었다.
강사는 자신의 주요 청중들인 50대 여성의 언어로
강연을 구성했고 참석자들의 높은 호응을 끌어냈지만,
나는 30대 남성이었다.

앗! 찌개에서 벌레가 나왔어요

한번은 찌개에서 벌레가 나왔다는 전화를 받았다. 드물긴 하지만 가능한 내용이라, 벌레가 어떻게 생겼냐는 식의 반문은 하지 않고 사과부터 했다. 정중한 사과를 받은 그 고객은 괜찮다며 다른 분들 음식에도 같은 일이 생길까 염려되어 연락했다 밝히고 요즘 말로 쿨하게 전화를 끊었다.

그리고 어떤 문제가 있는지 주문을 일시 차단하고 주방을 살펴봤는데 도저히 찌개에 벌레가 들어갈 만한 여지가 보이지 않았다. 한참 후에야 주방장인 아내가 파를 썰다 말고 깜짝 놀라며 '벌레가 있어!'라고 외쳤다. 도마를 보니 파 줄기 속 안에 벌레가 있었다. 정황상 파총채벌레로 유추되지만 2년이 지난 현재까지 정확한 명칭을 가려내진 못해 독자들에게 도움을 청한다.

　보통의 잎채류에 붙은 벌레들은 털어 내거나 씻으면 해결되지만, 줄기채소인 파 속에 들어 있는 벌레들은 눈에 보이질 않아 파를 반으로 가른 후 살펴야 한다. 파 줄기 속 벌레에 관한 내용을 미리 알고 있는 사업자라면 고객에게 설득력 있는 해명으로 이해를 구할 수 있지만, 전혀 모르고 있다면 어려운 상황에 직면할 수도 있다. 특히 생파를 잘라 뜨거운 음식 위에 얹어 나가는 식문화를 가진 우리 배달의 민족에겐 치명적인 부분이다.

　소규모 식당의 음식 조리 과정에 벌레가 들어가는 일은 현실적으로 막을 수 없다. 완벽하게 하고 싶다면 생명과학 실험실 정도의 출입 시스템과 복장을 갖춰야 하는데, 그렇게 해서 운영이 가능한 곳은 매우 한정적이다. 그나마 한식을 취급하는 식당이라면 위 파의 예에서처럼 아예 불가능하다고 볼 수 있다.

　필자는 감국차를 좋아해 매해 꽃따기를 행사처럼 여겼지만, 음식점을 시작한 후엔 멀리 나가기가 어려워 인터넷으로 구매

　라이더 없는 배달음식점을 창업했습니다

하고 있다. 그런데 지난해 주문했던 꽃차에서 벌레가 나왔다. 구입하고 몇 개월 지난 말린 꽃잎이지만, 작은 총채벌레 알이 그 안에서 부화했던 것이다. 총채벌레는 성체가 되어도 깨알보다 작은 0.8~1.7㎜ 크기다.

　벌레가 나오지 않도록 관리하는 게 최우선이지만, 현실에선 벌레가 나온 후 대처 방법이 더 중요하다. 1급 호텔의 주방에서도 벌레는 막을 수 없다. 그들의 생존력은 인간의 상상을 초월하기 때문이다. 다만 인력이 충분한 곳에선 벌레를 발견할 수 있을 뿐이다.

식당의 여름철 골칫거리 파리 박멸하기

　여름철 음식점 관리에서 가장 골치 아픈 하나가 파리다. 요즘엔 겨울 잠깐만 파리가 없고 봄가을로도 제법 나타난다. 파리의 출현을 이해하는 고객들도 있지만, 대부분은 불쾌하게 생각한다.

　가장 흔하게 보는 파리 구제 방법으로 일명 끈끈이가 있고 영업 종료 후 뿌리게 되는 분무형 살충제 등이 있지만 파리를 완전히 없애기엔 역부족이다. 그럴 때 가장 강력한 유인살충제로 빅카드가 있다. 빅카드는 농약방에 가면 살 수 있는데, 아래 사진을 참조 바란다.

　사용법은 빅카드와 설탕물을 1:1 비율로 섞어 그릇에 담아 밤새 주방과 홀 곳곳에 놔두는 것인데, 아침에 확인해 보면 많은 파리가 그릇 속에 죽어 있는 것을 볼 수 있다. 슈퍼나 약국에서 판매하는 분무형 살충제는 파리를 찾아가 분사시켜야 하지만, 빅카드에는 파리를 유인하는 성분이 있어 식당에서 사용이 적합하다. 낮엔 그릇을 가게 밖에 내놓고 영업이 끝나면 다시 들여놓는다.

　이 방법이 좋은 또 하나의 이유는 파리뿐 아니라 모기와 과일 파리 같은 다른 해충들도 없앤다는 점이다. 밤에 홀이나 주방에 둘 때는 약제가 담긴 그릇[38] 주변에 밝은 조명을 켜 놓는다. 파리는 밝은 장소를 찾아다니는 습성이 있어 매우 효과적이다.

---

38 파리는 반짝이는 물체를 좋아하니, 약제를 담는 그릇은 깨끗하고 빛 반사가 잘되는 것을 고른다.

그냥 놔뒀을 때보다 월등한 효과를 볼 수 있다.

쌍관버너(2구 버너) 조립하기

알면 쉬운데 전혀 모르고 있으면 당황하기도 하고 혹은 나중에 알게 된 후 놀라기도 하는 게 주물버너의 실체다. 특히 버너에 대한 상식 없이 기존 식당을 인수했거나 완제품을 구매해 사용하면서 버너의 구조를 모르던 사장님들에겐 꼭 필요한 정보다.

쌍관버너를 주문하면 조립된 완제품이 오기도 하고 본인이 조립해야 하는 상태로 오기도 한다. 본인이 조립하는 상품을 구입했다면 조립을 하며 버너의 기본 구조를 익히게 되는 장점이 있어 오히려 권장할 만하다.

주물버너는 구조에 따라 1구 버너, 2구 버너(쌍관버너), 3구 버너(삼중관버너)의 세 종류로 나뉜다. 식당 주방에선 1구 버너는 거의 사용하지 않고 보통 2구 버너나 3구 버너를 사용하는데, 자신이 취급하는 음식의 종류에 따라 열량을 맞춰 선택하면 된다.

다음은 초보 사장님들을 위한 쌍관버너 조립 순서다.

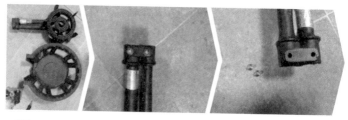

쌍관버너와 외피   버너 뒷면에 나사   나사를 제거한다

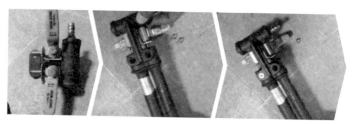

벨브   밸브를 쌍관에 끼운다   나사로 고정한다

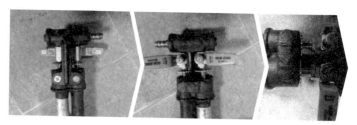

나사 고정 완료   조립 완료   조립 부위 확대

라이더 없는 배달음식점을 창업했습니다

이렇게 조립된 버너 밸브의 황금색 돌출 부위를 가스 호스에 연결한다. 이때 도시가스인 경우, 지역 도시가스 관리업체에 연결 요청을 해야 한다.

　위 사진의 밸브는 잠긴 상태인데, 먼저 노란색 레버 중 하나를 돌리면 화구에서 가스가 나온다. 이때 토치를 가스가 나오는 화구에 대고 직접 불을 붙인다. 화구에 불이 붙은 걸 확인하고 옆 레버마저 돌리면 가스가 분사되며 자동으로 불이 옮겨붙는다. 마지막 사진 주물 쌍관과 밸브가 맞닿은 부위에 노란색 톱니가 있는 엽전 모양 밸브가 보이는데, 이걸 돌려 가며 버너에 들어가는 공기의 양을 조절한다.

　버너 불꽃이 노랗거나 붉은 경우는 산소가 부족한 것이니 이때는 톱니 밸브를 더 열어 줘야 하고, 불꽃이 화구 위로 높이 솟구치고 있다면 산소가 너무 많이 들어가는 것이니 톱니 밸브를 더 조인다. 사용이 완료되면 노란색 레버를 돌려 잠그는 것으로 가스를 차단한다. 도시가스LNG를 사용하는 버너에는 노란색 손잡이가 달려 있고, LPG를 사용하는 버너엔 붉은색 손잡이가 달려 있는데, 가스기기들은 노란색이 LNG, 붉은색은 LPG로 약속되어 있다.

　버너의 작동은 밸브의 작은 구멍을 통해 높은 압력으로 분사된 가스가 버너의 화구를 통해 뿜어져 나오는 원리다. 그래서 산소가 공급되는 톱니 밸브 부분이 완전 밀봉되지 않도록 만들어져 있다. 직접 조립해 보면 이렇게 허술해서 위험하지 않나 걱정하게 되는데, 가스의 토출압력을 몰라서 생기는 염려일 뿐이니 위에 설명된 방법대로 사용하면 안전하다.

음식점의 기본은 밥맛이다

음식점의 기본은 밥이다. 어쩌다 외부에서 식사하면 밥맛이 형편없는 곳을 만나게 된다. 이는 현실적으로 전기밥솥 혹은 스팀기를 사용하기 때문에 벌어진 현상이다. 또한, 국가에서 벼를 일정 부분 수매하는 제도 탓에 밥맛 좋은 벼보다는 수확량이 많은 벼를 심는 것도 원인이 된다.

어찌 됐건 좋은 쌀을 구했다 해도 모든 식당이 예전처럼 무쇠 가마솥에 밥을 짓는 게 아니니 쌀 본연의 특성을 살린 밥맛을 만들기가 쉽지 않다. 그렇지만 밥맛을 기본으로 한 요리가 한식의 기준인 것을 생각해 보면 안타까운 일이다.

소규모 음식점의 현실에 맞는 맛있는 밥 짓기 기본을 소개한다.

햅쌀을 기준으로 밥은 최소 5인분 정도의 분량일 때 기본적인 맛을 유지한다. 그보다 적으면 고가의 기계장비를 사용해야 맛있는 밥이 만들어진다. 다행히 식당들이라면 기본 5인분 이상으로 밥을 할 테니 이 부분의 염려는 덜었다.

먼저 쌀을 씻는데 절대 박박 문지르면 안 된다. 쌀을 씻는 이유는 도정할 때 필연적으로 쌀에 붙게 되는 쌀겨 등의 가루를 없애는 개념으로 생각하면 되는데, 이 쌀겨가 강하게 붙어 있지 않고 쌀에 묻는 정도로 붙어 있다. 2번 정도를 설렁설렁 헹궈 준다는 느낌으로 씻어 준다. 그렇게 씻은 쌀을 체에 받쳐 20분가량 물이 빠지게 둔 후, 문명의 도구 전기밥솥을 이용하면 훨씬 좋은 밥맛을 만들어 낸다.

묵은쌀인 경우엔 식초를 떨군 물에 40분 정도 불린 후 밥을 할 때 식용유를 반 티스푼 정도 넣어 주면 좋은 결과를 얻을 수 있다. 쌀을 씻을 땐 햅쌀이었을 때보다 거칠게 씻어 준다. 묵은쌀의 겉면에 붙은 겨는 시간의 때가 붙어 밥맛에 좋지 않은 영향을 끼치기 때문이다. 수분도 많이 증발해 있어 쌀을 불리는 시간도 길게 잡는다.

압력밥솥은 개인의 기호에 따른 호불호가 있고 업소의 메뉴에 따른 각자의 기준에 따른다. 그 외 솥이나 냄비 등에 밥을 하는 경우엔 사용되는 냄비와 솥 본체, 뚜껑의 재질, 두께, 제작 방법 등에 따라 전혀 다른 데이터를 가지기 때문에 개인의 경험이 중요해진다.

밥물은 정수한 물과 수돗물을 구분해 사용한다. 이는 자신이 사용하는 쌀의 품종에 따라 다르므로 스스로 판단해야 한다.

필자의 경험으로 수돗물로 한 밥맛이 더 좋은 예도 있었기 때문이다.

식당(식품접객업) 영업허가 종류와 주의점

수년 전, 지방의 수제 쿠키 전문점 한 곳이 대형마트에서 구매한 제품을 직접 제조한 수제품이라고 속여 통신판매 했던 사건이 있었다. 이때 음식업에 종사하는 이들이 관심을 가져야 할 두 가지 문제가 드러났다. 하나는 적합한 영업 신고와 관련한 부분인데 해당 쿠키점은 휴게음식점업 허가만으로 통신판매를 했다는 사실이 드러나 관련법 위반에 따라 고발 조치당했다. 식품을 통신으로 판매하려면 별도의 통신판매업[39] 신고는 물론, 일정한 기준에 따른 즉석판매제조가공업 또는 식품제조가공업 허가를 받아야 한다.

다른 하나는 유기농 농산물을 사용했다고 홍보한 부분이다. 실제 유기농 농산물을 사용해 제품을 만들었어도 유기농임을 별도로 광고했을 때는 반드시 친환경인증[40]을 받은 농산물을 사

---

39 통신판매업 신고는 각 시군구청을 방문해 신청하거나 인터넷 정부24 사이트를 통해 온라인으로 신청해도 된다. 신청은 무료지만 매년 면허세로 서울시 기준 약 4만 원 정도를 내야 한다. (사이트 주소 https://www.gov.kr/portal/main)
40 친환경인증농산물 확인하려면, 국립농산물품질관리원 내 친환경인증관리정보시스템 사

라이더 없는 배달음식점을 창업했습니다

용해야 한다. 그런데 해당 쿠키점은 친환경인증이 없는 농산물을 사용한 것으로 밝혀졌다.

간혹 음식점을 하는 이들 중에 자신이나 부모님이 직접 재배한 채소를 무농약농산물 혹은 유기농 제품이라고 홍보하며 판매하기도 하는데 문제가 생겨 적발되면 이 또한 식품위생법으로 고발된다. 친환경이나 유기농이란 단어를 넣고 사업을 하려면 반드시 관련 기관의 인증을 받은 농산물을 사용해야 한다.

다음은 식품위생법 시행령 제21조8항에 정의된 식품접객업 영업 종류별 세부 사항이다.

휴게음식점영업: 주로 다류(茶類), 아이스크림류 등을 조리·판매하거나 패스트푸드점, 분식점 형태의 영업 등 음식류를 조리·판매하는 영업으로서 음주 행위가 허용되지 아니하는 영업. 다만, 편의점, 슈퍼마켓, 휴게소, 그 밖에 음식류를 판매하는 장소(만화가게 및 「게임산업진흥에 관한 법률」 제2조 제7호에 따른 인터넷 컴퓨터게임시설 제공업을 하는 영업소 등 음식류를 부수적으로 판매하는 장소를 포함한다)에서 컵라면, 일회용 다류 또는 그 밖의 음식류에 물을 부어 주는 경우는 제외한다.

이트를 방문해 인증정보를 확인할 수 있다. 모든 친환경 제품의 포장엔 부여된 고유의 인증번호가 있어 해당 번호를 입력하면 인증 여부를 즉시 확인할 수 있다. (사이트 주소 http://www.enviagro.go.kr/portal/main/main.do)

일반음식점영업: 음식류를 조리·판매하는 영업으로서 식사와 함께 부수적으로 음주 행위가 허용되는 영업.

단란주점영업: 주로 주류를 조리·판매하는 영업으로서 손님이 노래를 부르는 행위가 허용되는 영업.

유흥주점영업: 주로 주류를 조리·판매하는 영업으로서 유흥종사자를 두거나 유흥시설을 설치할 수 있고 손님이 노래를 부르거나 춤을 추는 행위가 허용되는 영업.

위탁급식영업: 집단급식소를 설치·운영하는 자와의 계약에 따라 그 집단급식소에서 음식류를 조리하여 제공하는 영업.

제과점영업: 주로 빵, 떡, 과자 등을 제조·판매하는 영업으로서 음주 행위가 허용되지 아니하는 영업.

식재료나 냄새에 알레르기는 없는가

아무리 좋아하던 음식도 연속해서 먹게 되면 물리기 마련이다. 하물며 같은 음식을 몇 개월 몇 년, 때로는 수십 년씩 만드는 일은 극한 노동의 현장이다. 그런데 그냥 노동만 하는 게 아니라 음식점은 시설 투자가 병행되는 사업이다. 주방 설비도 시설 투자고 홀 영업을 한다면 인테리어 역시 시설 투자다.

그렇게 투자를 했으면 하루 매출 얼마에 몇 년을 해야 그 투자금이 회수되는지 계산을 했다고 본다. 예를 들어 음식점 창업에 2천4백만 원이 들었다면, 매월 2백만 원이 통장에 적립돼야 1년 만에 투자금을 회수할 수 있다. 하지만 이 계산에서 자신의 인건비는 포함되지 않았는데 자영업이란 말의 의미 속엔 이미 창업자의 인건비가 투입되는 사업모델임을 말하고 있다. 그래서 음식점을 하지 않고 다른 일을 했다면 받을 수 있는 임금 역시 투자금으로 환산하는 게 맞다.

자신의 인건비를 최저임금으로 따져 계산하면 뗄 거 다 떼고 매월 4백만 원의 순수익이 나와야 얼추 1년이면 투자금이 회수된다. 만약 4천8백만 원이 시설 투자비에 들어갔다면 1년 기준 매월 6백만 원의 순수익이 있어야 하고, 2년으로 잡으면 매월 300만 원이 순수 적립됐을 때 투자금이 회수된다. 대부분의 자영업 음식점은 2년을 투자금 회수 기간으로 잡는다. 이 2년 동안은 '꼼/짝/말/고' 식당에 전념해야 한다. 그런데 전혀 뜻밖의 문제로 사업이 중단되는 예도 있다.

지인 중 한 명이 신도시에서 생선구이 전문점을 오픈했다가 크게 낭패를 본 일이 있었다. 어릴 적부터 생선을 좋아했고 살면서도 생선구이를 맛있게 먹었던 기억만 있는 사람이다. 집에서도 종종 생선을 구웠지만 한 번도 곤란을 느낀 적이 없었는데, 막상 생선구이 전문점을 오픈하곤 일주일 만에 문을 닫고 말았다.

며칠 계속해 생선구이 냄새를 맡으니 계속 헛구역질이 올라와 7일째엔 가게 안으로 들어가기조차 두려웠다고 한다. 결국, 개업하고 보름 만에 다른 업종으로 간판을 바꿔 달았는데, 취급하는 음식을 바꾸니 간판 메뉴판 그릇 주방시설까지 거의 다 교체해야 하는 아픔을 겪었다.

필자의 식당도 묵은지김치찜에서 비슷한 일을 겪었다. 앞서도 말했지만, 묵은지는 다른 재료와 결합해 제맛을 내는 식재료인데 그 결합의 과정 대부분이 찜이다. 그런데 찜은 냄새인자가 가득한 증기를 뿜어내니 우리의 초창기 묵은지삼겹찜은 얼마 버티질 못했다. 일반김치와 달리 묵은지는 찜 과정에 고통이 따른다.

주방장인 아내가 찜의 증기에 질려 더는 음식을 만들 수 없는 상황에 이르렀고 결국 인기 많은 메뉴임에도 포기해야 했다. 그렇지만 손님들도 언제 다시 하느냐고 문의하고 매출도 영향을 받으니 다시 시작하게 됐다. 이번엔 냄새가 심한 묵은지가 아닌 김치를 맞춤형으로 담그는 새로운 시도로, 냄새인자를 혁

신적으로 낮춘 조리법을 개발하게 됐다. 지금에선 김치찜이 식당의 전체 매출을 견인하고 있고, 이를 기회로 새로운 도전을 꿈꾸고 있다.

단골 관리 잘하는 집

식당을 처음 개업한 사람들의 가장 큰 패착 중 하나가 단골 확보에 너무 열정적이었던 게 원인인 경우도 있다. 앞에서도 말했지만, 음식점은 고객이 매일 방문하는 곳이 아니다. 합리적인 욕심을 가지는 게 사업을 오랫동안 유지할 수 있는 비결 중 하나다.

15여 년 전 사례지만 참고해 볼 만한 내용이 있어 소개한다. 지방에서 꽤 알아주는 감자탕 전문식당을 운영하던 지인이 있었다. 이 식당 일 평균 매출은 조사된 기간 3년여 동안 약 110만 원이었고, 가끔 가족들이 도와주긴 했지만 50대 두 자매가 운영했다.

'이모! 이모!' 소리가 홀 안에 항상 들렸다. 당시는 이모라는 호칭이 막 유행하던 시기인데, 그 친근한 호칭의 이면엔 서비스 많이 달라는 의미가 담겨 있었다. 두 자매 사장은 단골들에겐 조금씩 양을 늘려 주는 것으로 인사를 갈음했다. 그러던 중

해물감자탕을 신메뉴로 도입하면서 결정적인 실수가 만들어졌다. 항상 하던 대로 단골들이 주문한 해물감자탕엔 해물을 한두 개씩 더 얹어 주게 됐는데, 나중엔 기본 세팅했던 양은 무시되고 모든 해물감자탕 분량이 처음에 비교해 월등히 많아지기 시작한 것이다.

처음에 나타난 문제는 테이블 회전이 느려진 점이다. 배후에 아파트단지가 있고 인심 넉넉한 이모들이 운영하는 양 많은 감자탕집으로 알려지면서 가족 단위 손님들이 끊이지 않았다. 그런데 어린이가 포함된 가족 단위 고객들이 늘어나면 매장 내 체류 시간이 길어지는 것은 당연하다. 특히 감자탕집은 의자가 있는 테이블 세팅이 아니고 좌식 세팅이라, 어린이 고객 숫자가 늘어나면 아이들의 번잡함이 가게 분위기를 주도하게 된다.

두 번째 문제는, 시일이 경과할수록 단골손님들 누구도 자기가 단골로서 더 특별한 대우를 받고 있다는 생각을 가지지 않게 된 점이다. 다른 식당보다 분명히 많은 양인 것은 인정해도, 그 식당 안에선 누구나 똑같이 양 많은 음식을 내주는 이모들이 운영하고 있을 뿐이다.

세 번째 문제는, 해물감자탕으로 단가는 올랐어도 테이블 회전이 느려져 매출엔 큰 변화가 없는 반면, 일은 더 고되진 상황이 되고 결국 몸이 버티질 못했다는 점이다. 가게를 매물로 냈는데 요즘 말로 가성비 맛집이라 주인 고생이 심한 점포로 누구

라이더 없는 배달음식점을 창업했습니다

도 권리금을 주고 들어오려 하지 않았다.

음식점 경험자라면 가성비 좋은 식당은 같은 업종 승계 조건으로 인수하지 않는다. 정상적으로 운영할 수 있다면 자기가 하지 않아도 사람을 써서 운영하면 되는데, 매물로 냈다는 것은 사람을 쓰면 업주에겐 수익이 발생하지 않는다는 뜻이다.

식당이기 때문에 단골은 생기게 마련인데 그 단골을 어떤 방식으로 관리했는지에 따라서도 사업의 성공 여부가 판가름 난다. 같은 업종으로 가게를 넘기려면 가게를 보러 온 사람이 그 식당의 손님들을 인계받을 만한 자신감이 생겨야 하는데, 전 주인이 떠난 자리가 커 보이면 인수자가 나오지 않는다.

식당에서 권리금을 받지 못한다는 얘기는 철거 및 복구 비용을 자신이 번 돈으로 부담해야 한다는 의미다. 서울의 강남 사례였지만 철거복구비로 많게는 1천만 원까지 부담한 사례도 있다. 홀 음식업의 최종 승리는 다음 임차인을 찾았을 때.

기름 찌꺼기(폐식용유) 처리 문제

상당 기간 음식점을 운영했던 경험자라면 제목만으로도 짐작하는 내용이겠지만, 초보자들은 이 문제로 보증금을 전부 날리는 예도 있으니 참고하는 게 좋다. 구구절절한 설명보다 실제 있었던 일을 소개하는 게 가장 이해가 빠를 것 같다.

서울 서대문구에서 있던 일이다. OOO치킨 배달전문점을 운영하는 업소에서 폐식용유 전체를 수거업체를 통해 처리하지 않고 상당 부분을 하수도로 흘려보냈는데, 오래된 건물이라 하수도가 정화조를 거쳐 나가게 만들어져 있었다. 정화조 청소하는 날 문제가 발생했다. 청소업체에서 정화조 뚜껑을 열었는데 딱딱한 지방단백질이 또 다른 뚜껑을 만들고 있었다.

망치를 사용해 지방단백질을 깨고 뜯어내길 한참 했지만, 워낙 두꺼운 탓에 그날 처리를 못 하고 인부를 불러 다음 날까지 지방단백질을 뜯어냈는데도 정화조 속 깊은 곳까지 굳어 있는 모두를 꺼낼 방법이 없었다. 전문가를 통해 나온 해결책은 정화조 자체를 교체해야 하는 사안이었다. 망치와 해머 등으로 두드리며 일을 하다 보니 정화조도 깨지고, 정화조 내부 상태도 기름분해제거제 정도로 해결될 수 있는 문제를 넘어선 상황이 됐다.

건물주도 내용을 알게 되어 결국 정화조를 교체하게 됐는데, 해당 건물이 오래돼서 문제가 더 커졌다. 이웃한 땅에 예전엔 없던 건물이 들어서 정화조 진입로가 없는 것이다. 크레인을 불러야 했는데 거대한 폐정화조를 건물 위로 들어 올리고 다시 집어넣고 악취는 근동을 뒤덮고 난리가 아니었다. 끄집어낸 폐정화조와 지방단백질 덩어리들은 지정폐기물이라 별도의 수거

업체를 불러야 했는데 이 비용도 엄청났다.

굴착기가 들어가지 못하니 파손된 정화조를 들어내는 일 모두를 삽과 곡괭이로 해야 했고, 그 일을 하려는 인부들이 없어 몇 배의 인건비를 지출했다. 해당 기간 OOO치킨은 물론 주변 가게들도 영업이 어려웠다. 정화조가 있던 공간 자체가 워낙 협소해 작업이 오래 걸려 총비용이 1천만 원 가까이 들었다. 다행히 하늘이 도와 건물의 다른 정화조와 분리된 정화조였기에 그 정도 비용이었지, 정화조 하나를 공동으로 사용하는 구조였다면 더욱 엄청난 일이 벌어졌을 사건이었다.

여기서 살펴봐야 할 특별한 내용이 있다. 해당 업소는 직장 생활하는 사람이 직원들을 고용해 운영하던 부업형 업소였다는 점이다. 업주가 직접 모든 내용을 처리하지 못하다 보니 당장 눈에 보이지 않는 부분에서 문제가 쌓여 가고 있었던 것이다.

그나마 다행인 것은 본인이 당사자였다는 점이다. 만약 다른 가게를 인수했는데 이런 문제가 생겼다면 너무 억울한 비용을 부담하게 된다. 이 책의 독자들은 점포 계약 시 건물주나 공인중개사를 통해 하수도와 집수정, 정화조 관련해 아무런 문제가 없는지 확인한 후에 계약하는 게 좋다.

그 외, 덕트가 설치되지 않은 건물에 새롭게 덕트를 설치해야 한다면 다음과 같은 조항을 특약에 넣도록 한다. 덕트 설치가 민원이나 가처분 등으로 중단된 때는 계약을 무효로 하고,

그때까지 설비에 투입된 비용과 보증금을 임대인이 돌려준다는 특약을 넣어야 한다. 흔한 상업용 건물로 보여도 구분등기로 주인이 여럿인 경우가 있어 예상치 못한 문제가 생길 수도 있고, 이웃 건물에서 이의를 제기해 시설 후 영업이 중단되는 사태도 있다. 이런 경우 계약서에 기재한 사업 내용을 변경한 것이면 대부분 임차인의 귀책사유가 된다. 그래서 점포를 처음 얻을 때 이미 단단한 결심을 세우고 시작해야 한다.

폐식용유는 반드시 수거업체를 이용해야 한다. 위 사례는 정화조였지만 건물 공용하수관이 같은 이유로 막혀 곤란한 상황이 발생하는 사례도 비일비재하다. 심지어 상업건물이 아닌 아파트에서도 특정 세대에서 흘려보낸 폐기름 때문에 공용하수관이 막혀 1층 세대 주방과 거실로 오수가 넘쳐 나오기도 한다. 아파트 가격에 영향을 미치는 부분이라 뉴스가 안 되는 것이지 실제론 자주 발생하는 문제다. 폐기름은 가정집 배출량만으로도 문제를 일으킬 정도이기 때문에 소홀히 다루어서는 안 된다.

박리다매는 전문가 영역이다

'망하는 식당'이라는 키워드로 인터넷을 검색해 보면 망하는 식당의 3가지 이유, 5가지 이유라는 식의 글들이 등장한다. 그 내용을 보면 실제 음식점을 경영해 본 사람들이 쓴 글은 아니다. 단순히 고객인 자신의 관점에서 바람직한 부분들을 정설인 양 말하고 있을 뿐이다.

그런 내용의 첫 번째 주장에선 한결같은 말이 등장한다.

'맛있는 식당은 망하지 않는다.'

마치 성현의 지혜가 담긴 오래된 격언인 듯하지만 '정말 그럴까'의 영역은 평가자의 소관 사항이 아니다. 단지 음식이 맛있어야 먹는 입을 가진 자신이 즐겁다는 요구 사항이거나, 이 정도 말이면 틀린 말이 아닐 테다라는 생각에 빈 곳을 채운 무책임한 낱말의 향연에 가깝다.

현업에 종사하는 사람으로 공감이 가는 표현을 찾는다면, 요즘 시대엔 맛있는 음식 하나만으론 성공하기 어렵고 가성비까지 만족시켜야 한다고 말하는 게 솔직해 보인다. 하지만 식당 주인 잡는 용어인 '가성비'를 만족시켰다고 끝이 아니다.

한국 땅에서 음식 사업을 하는 당신이라면 인터넷 시대의 브이로거들을 위한 이기적인 인문학의 메시지 하나쯤 더 요구된다. 바로 주인의 성격은 손님이 맛있게 먹는 걸 보기만 해도 행복하다는, 새로 만들어질 도덕 교과서에 등장할 열모문(烈母門)의 주인공쯤 되는 어머니의 모습을 갖춰야 하기 때문이다.

우리는 최저임금이 상승해야 하고 휴가가 많은 엘리트 직장에서 대접받으며 일하면 좋겠지만, 엄마의 마음을 가진 식당 주인은 최저임금 구분 없이 온종일 물 묻은 손에 뼈가 삭도록 일을 해야 〈골목식당〉의 시청자들을 만족시킬 수 있다. 말하자면 그건 공인된 희망 고문의 가해자가 되는 셈이다.

이렇게 가성비니 서비스니 덧붙여진 설명의 종착역에서 사람들이 기대하는 것을 한마디로 요약하면 '박리다매'다. 그런데 박리다매 영업은 아무나 할 수 있는 게 아니다. 싸게 팔면 무조건 버틸 수 있다는 생각으로는 성공할 수 없다.

박리다매는 1일 15시간의 노동

박리다매라며 저가 메뉴로 1인당 1,000원의 이익을 남기면 100명이 방문해야 100,000원 남는다. 그런데 하루 100명이 방문하는 식당의 설거지는 겪어 본 사람만이 안다. 요즘 기준으로 식당 인력 중 재료 손질과 설거지 담당 한 명을 고용하면 월평균 250만 원은 생각해야 하는데, 그나마 요리는 누가 담당하는지 몰라도 홀 정리와 계산은 주인이 하거나 다른 종업원의 영역이다. 고용인 1명 월급 주고 나도 10만 원 벌려면 1,000원 마진으론 하루 200명이 찾아야 현상 유지가 가능하다. 그런데 2명이 200명 손님 받는 것은 하루는 가능할지라도 매일은 불가능하다.

가장 이상적인 박리다매 기준은 인당 3,000원의 마진에 일 방문 고객 100명, 매월 5회 휴무는 돼야 한다. 그 3,000원 마진은 식재료비나 월세 공과금 등의 비용 전체가 빠지고 남은 금액이어야 한다. 그래야 정직원 1명에 시간제 근로자 2~3명을 고용할 여력이 생긴다. 하루 100명이 방문하는 식당이 되려면 가게 터도 잘 잡은 후다.

그렇다면 1인당 메뉴 가격은 순이익 3,000원 더하기 비용 4,700원을 셈하면 인당 7,700원으로, 2019년 직장인 점심식사 비용[41] 평균 지출액이 된다. 하지만 모두가 잘나가는 직장인은 아닐 테니 700원은 빼고 7,000원으로 맞추면 현실에서의 표준 가격이다. 그런데 지금 대한민국 서울 물가 기준에서 7,000원으로 가격은 만족시킬지 몰라도 맛과 양까지 만족시킬 수 있을지는 의문이다.

그래도 시골 형님에게 쌀 좀 부쳐 달라고 해서 7,000원으로 맛과 양까지 만족시키고 종업원 2.5명 인건비 지출하면 업주에게 떨어지는 돈은 약 3백만 원 안팎이다. 그런데 이 3백만 원을 위해선 하루 최소 15시간 정도의 노동을 필요로 한다. 음식업 박리다매에서 이만한 노동은 기본이다.

다음 해 6월의 사업자종합소득세[42]는 아직 계산하지 않았다.

---

41 신한은행의 '2019 보통사람 금융생활보고서'에서 20세~59세 직장인 1천 명에 대한 조사 결과
42 근로자와 달리 사업자의 종합소득세엔 의료비 공제, 보험료 공제, 교육비 공제, 신용카드 공제가 없다. 단 소득 규모가 큰 소수의 성실신고사업자 지위를 얻게 된다면 공제 범위가 넓어진다.

또한, 많은 자영업자는 사업 기간 몸이 아파도 쉬지 못하다 사업이 종료된 후 병을 앓거나 요양하게 된다. 이렇게 1일 15시간 노동의 박리다매는 사업 종료 후 최소 1년이 지난 후에야 이익의 최종 결과를 확인할 수 있다.

박리다매는 매우 흔한 단어지만 실제에선 가게 터 잡기, 재료 구매에서의 노하우, 종업원 관리, 세무 관리, 시장 조사와 분석, 사업 종료 후의 추가손실분 계산 등에 통달한 전문가만이 할 수 있는 고차원의 사업이다. 음식업계에서 오랜 전문가가 아니고선 성공하기 어려운 영업 전략이 박리다매다.

초보자가 이제 새로 개업하는 식당으로 맛도 있고 저렴하면서 양도 넉넉하게 그리고 성격은 열모문의 주인공쯤으로 장기간에 걸쳐 돈을 번다는 것은 헛된 망상이다. 셋 중 하나는 확실히 하고 남은 두 가지 중 하나는 중간 수준 전략을 세우는 게 좋다.

욕쟁이 할머니 콘셉트에서도 고객의 시각에서 맛은 일정 부분 양보받은손 쳐도 가격이 높거나 양이 적으면 다 소용없다. 누가 그 집에 진정 욕먹으러 가겠냐 말이다. 걸쭉한 욕은 맛의 일부로 생각하고 먹더라도 음식 가격은 싸고 양은 많아야 욕쟁이할멈 노릇도 할 수 있다.

경북 봉화에서의 오랜 '나무 생활'[43]을 마치고 서울로 돌아오는 결심엔 큰 용기가 필요했다. 우선은 정리가 쉽지 않았다. 1,000㎡대지에 150㎡건물 그리고 10,000㎡(약 3천 평)에 달하는 농지를 처분해야 했다. 시골 땅을 판매하는 것은 생각만큼 쉬운 일이 아니다. 다시 올라오리라 생각하지 않았던 매입이었기에 대지도 300여 평을 조성했으니, 깡촌에서 그렇게 넓은 대지를 필요로 하는 사람을 찾기는 난관이었다.

그것은 시골 생활의 묘미를 최대한 살리겠다고 당시 가진 돈으로 매입할 수 있는 가장 큰 땅을 매입했던 결과였다. 중고 굴착기도 한 대 사서 내 땅 이곳저곳에 연못이며 도랑이며 누구의 눈치나 허락도 필요 없이 나를 누렸었다.

---

43 아침 시작부터 잠자기 전까지 내 주변엔 항상 나무가 함께했다.

현지의 친구들 도움으로 어렵사리 만난 매입희망자는 1가구 다주택 문제가 있다는 이유로 건물멸실등기를 단서조항으로 달았다. 애써 건축했던 작업실과 주거 건물 모두를 철거하고 떠나는 당일에도, 지난 세월을 누볐던 나의 파괴된 무대를 실어내는 덤프트럭과 굴착기는 어떤 흔적도 남기지 않겠다는 듯 굉음을 선물하고 있었다.

이것저것 팔고 나눠 주고 버렸어도 서울로 올라온 짐이 또 한 차였고, 시골 땅 팔았다고 나온 세금도 2,600만 원이다. 건물 철거며 부동산 매매수수료에 이사비용까지 더하니 서울로 이동하기 위해 지불된 금액이 총 3,300만 원 정도였다. 아마 좀 더 나이가 들었다면 움직이기 어려웠을 것으로 생각한다.

주유소 경유 가격이 사상 최고가인 리터당 700원을 돌파했다는 뉴스 시절에 내려갔다가 1,400원이 된 때 돌아왔더니, 서울은 인터넷이라는 새로운 질서에 편입된 거대한 전파공룡이 지배하는 세상으로 전환 중이었다.

나무 작업을 주제로 하는 미술작업실을 열고 상업미술을 시작했지만 여의치 않아, 지천명의 늦은 나이를 극복하고 모 광고회사에 취업했다. 그러던 중 동갑내기 아내의 우울증이 나아질 기미가 보이지 않게 되니, 지난 세월의 인생 경험에서 얻은 지혜를 동원해 부부가 함께 일하는 식당을 개업하기로 결정했다. 다행히 아내의 빼어난 음식 솜씨 덕에 음식점은 큰 어려움 없이 4

　라이더 없는 배달음식점을 창업했습니다

년째 항진 중이고 심각했던 우울증도 자연스럽게 극복됐다.

목수와 미술인으로 25년, 식당 주인으로 3년 3개월이다. 그중 식당 주인으로 3년 3개월이 가장 변화무쌍한 시기였고 또한 진행형이다. 3년 3개월 동안 스마트폰은 3대를 교체했고, 배달 범위 2㎞ 이내에서 다람쥐처럼 돌아다닌 총 배달 거리는 지구를 한 바퀴 돈 것과 같은 4만㎞를 넘어섰다. 4만㎞ 운행한 주유 대금은 총 4,666,000원이고, 스마트폰 사용요금은 1,560,000이다.

2019년 매출액은 105,000,000원이다. 그중 고춧가루 구입 비용이 중국산임에도 1,200,000원으로 전체 매출에서 약 1.15%에 해당한다. 양파가 0.8%, 쌀 3%, 돼지고기 6%, 감자 0.5%, 풋고추 0.4%, 대파 0.67% ….

깡촌에서 목수 겸 미술인으로 살던 시절보단 스케일이 커졌지만, 유튜브에 등장하는 내로라하는 자영업자들에 비하면 겨우 껌딱지만 한 수준이다. 그렇지만 작다고 숨기고 싶은 생각은 없다. 꼭 하고 싶은 이야기가 있기 때문이다.

필자가 30여 년 전 방문했던 오스트리아에서 가장 아름답게 여겼던 장면은 멋진 건축물이나 알프스의 자연환경이 아닌 인간의 삶이 배려된 도시의 모습이었다. 첫 기착지였던 비엔나의 어지간한 동네를 가 봐도 중복된 물품, 중복된 서비스를 취급하는 가게들을 발견하기 어려웠다.

3개월여의 체류를 끝내고 귀국한 후에 특히 더 비교가 쉬웠던 것은 노래방이었다. 내가 막 출국을 준비하던 때 유행의 불이 지펴진 업종인데, 불과 3개월 만에 공항에서 집으로 돌아오는 길 여기저기 노래방 간판들이 들어섰고 내가 살았던 홍릉 주변에도 노래방 간판이 달렸다. 채 1년이 지나지 않아 대한민국 전체가 노래방 간판으로 뒤덮였고, 1998년 IMF를 만나기 전까지 노래방은 가장 선호되는 자영업 중 하나였다.

그렇지만 비엔나에선 당시의 우리식 명칭인 슈퍼마켓을 찾는 것도 쉽지 않았다. 아니, 그들은 슈퍼마켓이라는 미국식 명칭을 사용하지도 않아 "웨얼 이즈 더 슈퍼마켓?"으로는 감자칩 하나 구할 수도 없었다. 그때 오스트리아의 마트는 뜻밖에도 '빌라'라는 명칭을 가지고 있었다. 그 '빌라'도 흔하지 않은데 저녁 7시면 문을 닫으니 서둘러 장을 보지 않으면 생필품을 구할 수도 없었다.

저녁 7시가 넘어가면 대부분 주거지에선 적막감이 일반적인 광경이다. 외식을 하는 것도 저녁 8시가 넘으면 다 끊겼다. 그들에겐 '밤문화'라는 단어조차 존재하지 않았다. 이종의 문화에 전혀 준비되지 않았던 여행자가 맞닥뜨린 낯설었던 긴 밤은 일종의 고문이었지만, 골목마다 슈퍼마켓을 보유한 국가의 국민

라이더 없는 배달음식점을 창업했습니다

에겐 강렬한 인상으로 기억되기에 충분했다.

    만주와 상해, 블라디보스토크를 자유롭게 넘나들 수 있던 시절의 한반도에선 시선을 멀리 둘 기회가 일상이었다. 동네 꼬마들도 삼촌이 만주에서 개 잡은 이야기를 주고받으며, 당장 내일 출발하지 않더라도 곧 마음만 먹으면 내디딜 수 있는 광활한 무대를 마주할 수 있었다. 작년인가 아프리카의 부르키나파소에서 납치된 여성 여행자에 대한 소식이 뉴스로 크게 다뤄진 적이 있었다. 안타깝게도 해당 뉴스의 내용은 그 여성의 무모함을 비난하기가 일색인 댓글 잔치를 공유하고 있었다. 어디에도 그 여성의 도전정신을 굽어볼 아주 미세한 틈조차 열려 있지 않았다. 그만큼 우리 사회는 경직됐고 개인의 가치관마저 획일적으로 통일되는 불안한 미래로 직진 중이다.

    위 30년 전의 오스트리아도 우리처럼 울타리에 갇힌 삶이었다면 역시 속 좁은 골목길의 쟁투가 흔한 일상이었을지도 모른다. 하지만 그들의 사고 속엔 다른 방식의 접근이 있었다. 이 동네에 이미 주방용품점이 있고 충분히 수요를 맞추고 있다면, 거기서 경쟁하기 위해 상대를 염탐하기보단 더 넓은 세상으로 나가는 길을 찾는다.

    그렇지만 우리의 현실은 전혀 달랐다. 좁은 구역 안에서도 걸핏하면 동일 업종들이 무수히 들어섰다 부서지고, 그 좁은 가게 하나에서도 몇 년마다 폐자재들을 잔뜩 배출하고 다른 한쪽에선 부서진 만큼 또 생산하고 쓰레기는 산을 이룬다.

지금 우리에게 필요한 것은 울타리를 넘는 일이다. 울타리를 넘고 싶은 이들에겐 자동차에 앉기만 해도 상해며 마카오까지 더 멀리는 태국의 방콕, 말레이반도의 끝 싱가포르까지 달릴 수 있는 길을 열어 줘야 한다. 비행기를 타는 것과 맞닿은 육지를 내달리는 것은 1%의 동일성도 없는 전혀 다른 세계다.

비행기를 탄 이들이 볼 수 있는 것은 방콕과 치앙마이지만 육지를 내달리는 이들에겐 그 길가에 고무나무며 흑단, 티크가 가진 경제성을 살필 수 있고, 여기서 우리의 단립종 쌀을 3모작 생산하면 수익이 어떻게 될까를 가늠하기도 한다. 그렇게 세상을 접한 이들은 동네 김씨의 음식점과 동일한 메뉴를 취급하는 고비용 저효율의 음식점을 열 생각을 하지 않는다. 이건 누군가가 가르쳐서 깨닫는 영역이 아닌, 그런 길을 열어 주면 자동적으로 연결되는 세상이다.

경북 봉화에서 서울까지 겨우 185㎞를 이동하느라 33,000,000원을 지불했고, 가게 두 개를 오픈하느라 바닥에 깔린 금액도 25,000,000원이다. 우리가 처음 개업했던 거리의 음식점 수는 약 50개고, 생필품을 판매하는 마트는 10여 곳이 넘는다. 내가 지켜 본 4년 여, 그 거리의 상점 30%는 주인이 바뀌어 뜯어

라이더 없는 배달음식점을 창업했습니다

내고 설치하고를 반복했으며, 우리가 식당을 했던 가게 자리도 이미 두 번의 손 바뀜이 있었다.

필자의 시골 주택도 지독하리만치 까다로운 돈의 시스템으로 지어진 지 10년 만에 흔적도 없이 사라졌다. 하지만 오스트리아의 비엔나엔 지어진 지 수백 년 된 건축물에서도 구찌백을 들고 멋을 낸 사람들이 여전히 살고 있다.

필자가 이제껏 버린 우산은 대략 20여 개쯤 되는 것 같다. 겉모습은 멀쩡한데 사용하면 곧 망가지는 게 상식처럼 굳어질 정도다. 그런데 당시의 오스트리아에 가면 수제 우산을 판매하는 상점이 드물게 존재했다. 그 가게에선 우산 제작은 물론 수리도 하는데, 대를 이어 운영되는 곳도 있다. 그 사회에서 어떤 이들은 평생 사용하는 우산이 한 개지만, 필자의 인생에서 우산은 아직 10개는 더 구입할 전망이다.

동일한 면적에서, 한국이 지불하는 파괴 비용을 100으로 치면 오스트리아에서는 10도 안 된다. 그들의 경제는 생산의 가치가 누적되지만, 우리 경제는 생산만큼 파괴가 이어져 일부 떼돈을 쥔 이들 외엔 자본을 축적해 어떤 도전에 나서기 힘든 구조가 되고 있다.

그럼에도 현재의 대한민국은 비생산적인 삿대질에 파묻혀, 서로가 서로를 더욱 강하게 압박하고 옭아매는 구조적 불편의 법치 시스템을 만리장성처럼 구축하고 있다. 다른 건 다 바뀌었어도 내가 죽으면 너도 죽는다는 순장 문화만은 유지되는 기막힌 모습이다.

말 없는 다수의 가난한 '복종시민'을 생산하는 이런 식의 시스템적 사회야말로 파괴되어야 한다. 예나 지금이나 좁은 단칸방인데 원룸이라 교체된 명칭으로 위안받으며, 겨우 댓글과 리뷰의 자유만 허락된 삶이 전부가 돼선 안 된다.

2020년 11월 봉화목수가

라이더 없는 배달음식점을 창업했습니다